Wilfried Hagebölling

WILFRIED HAGEBÖLLING

**STÄDTISCHE GALERIE AM ABDINGHOF
PADERBORN**

Inhaltsverzeichnis

Andrea Wandschneider
Vorwort — 7

Skulpturen — 10

John Anthony Thwaites
Wenn die Architektur… — 13

Manfred Schneckenburger
Schon 1971, nach seinem Studium… — 21

Statement Wilfried Hagebölling — 22
Statements auch S. 32, 62, 128, 160,
175, 195, 210, 240

Ingo Bartsch
Zeitgleich also etwa mit… — 23

John Anthony Thwaites
Auch Architektur in der Architektur… — 25

John Anthony Thwaites
Die Plastik für das Sportzentrum Paderborn… — 28

Manfred Schneckenburger
Skulpturen, die nach innen gehen — 45

Der „Fall Keil-Stück"
Dokumentation — 65

Helmut Schneider
„Tief durchatmen!" — 83

Manfred Schneckenburger
Eisbrecher im Lichthof — 91

Cornelia Wieg
Interview mit Wilfried Hagebölling — 109

Gedenkstätte
„Alte Synagoge", Hamm — 174

Monika Hoffmann / Wilfried Hagebölling
Ein Stück Treibgut aus der Hölle — 179

Abu-Ghureib 2003/2004 –
Friedrich von Spee 1631/1632
Paderborn / Osnabrück — 183

Manfred Schneckenburger
Stahl ist ein ehrliches Material… — 194

Jan Hoet
Zwischen ICH und DA — 205

Zeichnungen — 216

Friedrich Meschede
Standbein – Spielbein
Betrachtungen zu Zeichnungen von Wilfried
Hagebölling (die danach keine mehr sind) — 219

Das Atelier — 238

Der Skulpturengarten — 244

Anhang — 257

Biographische Daten / Ausstellungsverzeichnis
Bibliographie
Text- und Fotonachweis
Impressum

Vorwort

Die Plastik: ein verkörperndes Ins-Werk-Bringen von Orten und mit diesen ein Eröffnen von Gegenden möglichen Wohnens der Menschen, möglichen Verweilens der sie umgebenden, sie angehenden Dinge. Martin Heidegger

„Ist die Skulptur noch zeitgemäß?" Diese Frage stellte jüngst ein Magazin für aktuelle Kunst: Trotz ihres oftmals beachtlichen Gewichts und Umfangs führe die Skulptur im öffentlichen Raum „ein nahezu unscheinbares Dasein". Es gelänge ihr nicht, in demselben Maße die „Gunst des Publikums" zu erlangen, wie es den anderen Künsten möglich sei. – „Keine Kunst ist dem modernen Menschen so entfremdet wie die Plastik. Der heutige Mensch scheint weitgehend unfähig, auf dreidimensionale Formen zu reagieren." So formulierte es der deutsche Kunsthistoriker August Schmarsow bereits vor über 100 Jahren. Und wie eine Ergänzung dazu liest sich die Einschätzung Henry Moores, dass es „mehr Formenblinde als Farbenblinde" gäbe.

Derlei Vermutungen über unseren Verlust an Sensibilität für das dreidimensionale künstlerische Werk mag man als pure Spekulation abtun – wie ließe sich diese unsere Entfremdung von der Plastik, der Skulptur überhaupt nachweisen?

Die Sprache als Zeichengebung liefert ein Indiz im Vorfeld. Jenes nämlich, dass für weite Bereiche heutiger Bildhauerkunst der Terminus „Plastik" (bzw. „Skulptur") obsolet geworden ist. An seine Stelle treten Begriffe wie „Installation" oder „Objekt", Begriffe also, die dem Vokabular der Alltagswelt entnommen sind und solchermaßen eine vorab bestehende Vertrautheit mit dem plastischen Werk suggerieren. Indem das plastische Werk zum bloßen „Objekt" wird, scheint ihm etwas Wesentliches genommen, nämlich das, was aller Kunst eignet – das Befremdliche. Wir lassen uns verleiten, das Befremdliche für vertraut zu halten und sehen damit am Eigentlichen des plastischen Werkes vorbei. „Jede Sicht der Dinge", heißt es in einem Aphorismus von Paul Valery, „jede Sicht der Dinge, die nicht befremdet, ist falsch". Dem schließen wir uns an, denn was nicht befremdet, führt zu einer Einschätzung, in der die Wirklichkeit des Gegenstandes uns nicht mehr berührt.

Sehen wir einmal ab von jenen oft drittklassigen populistischen Skulpturen, die unsere Straßen und Plätze besetzen, sich meist an historischen Gegebenheiten orientieren und sich volkstümlich anbiedern, dann muss zeitgenössische Skulptur, wollte sie weiterhin Kunst sein, uns kraft ihrer spezifischen Physiognomie befremden und uns herausfordern, wie umgekehrt wir, wollen wir der künstlerischen Skulptur gerecht werden, uns auf diese Herausforderung einlassen müssen.

Eben das ist der Anspruch, den die Skulpturen von Wilfried Hagebölling an uns stellen: sich auf sie einzulassen – richtiger noch: sich der durch sie eröffneten Erfahrungssituation *auszusetzen*. Seine insistent *da*-stehenden, sockellosen Skulpturen bilden wirkliche Hindernisse. Sie stören das Alltagsauge, stören den gewohnten Gang des Körpers. Sie irritieren, befremden aufgrund ihrer rohen Materialität, ihres profanen Aussehens, ihres Defizits an künstlerischer Aura und nicht zuletzt aufgrund ihrer offensichtlichen „Bedeutungslosigkeit". Sie okkupieren den Raum, umschließen, durchkreuzen oder durchbrechen ihn – und „bedeuten" nichts! Gerade aber dieser Mangel an wörtlicher Bedeutung lässt unsere Wahrnehmung zur Selbsterfahrung werden: Das Werk zwingt uns unausweichlich dazu, in der Konfrontation *hier und jetzt* uns unserer eigenen Anwesenheit, unserer sinnlich-leiblichen Existenz *bewusst* zu werden. Das Werk erlaubt keine Flucht – weder in ein unbekümmertes ästhetisches Genießen eines „schönen Scheins" noch in eine distanzierte Reflexion über mögliche semantische Inhalte. Auch als Projektionsform für Emotionen ist es ungeeignet. Das skulpturale Werk ist nichts weiter als eine „Tatsache" (W. H.), eine solche jedoch, die sich erst vollendet in dem Moment, da der Betrachter sich einbringt. Darin erst ‚gelingt' das Werk, wie wir uns auch selbst ‚gelingen' in der jeweils aktuellen, selbstbezogenen *Realisierung* des Werkes.

Hier. So ist die Werkschau überschrieben, die die Städtische Galerie Am Abdinghof und der Kunstverein Paderborn dem Künstler Wilfried Hagebölling in diesem Winter einrichten und anlässlich derer die vorliegende Monographie erscheint. *Hier* – das meint nicht den Ort der *Aus*-stellung, sondern den Ort der konkreten *Gegenüber*-stellung von Werk und Subjekt, den Ort der ausdrücklichen Konfrontation: Auge um Auge, Körper gegen Körper. Dabei kommt der vorgegebene architektonische Raum ins Spiel: Die Dimensionen der Galerie werden neu vermessen, geglückte oder problematische Raumverhältnisse fühlbar gemacht und die Bedeutung der Aufstellungsmodi („in situ") enthüllt. Raumerlebnis und Selbsterlebnis fallen unteilbar in eins.

Hagebölling ist ein Radikaler im besten Sinne des Wortes. Ein Radikaler, der gleichsam hinter seinem Werk verschwindet, um den Betrachter in den aktiven Dialog zu stellen – als wahrnehmendes *und* körperbezogenes Subjekt. Das gilt in nuce auch für die Zeichnungen: Seit Ende der 1980er Jahre entstehen mittel- und großformatige Blätter, die einen eigenständigen Werkkomplex neben dem bildhauerischen Œuvre bilden. Diese Zeichnungen dienen weder als vorbereitende Studien für Skulpturen noch haben sie eine kommentierende Funktion. Sie sind autonom. Gleichwohl artikuliert sich in ihnen unverkennbar der *Bildhauer* Hagebölling. Ihre kraftvolle abstrakte Bildsprache setzt ganz auf die Evokation physisch-materieller Konstellationen und Prozesse, die den Betrachter geradezu körperlich in Bann nehmen. Die gleichzeitige Präsenz von Skulptur und Zeichnung in derselben Ausstellung macht die unhierarchische Gleichwertigkeit beider Ausdrucksweisen im künstlerischen Schaffen Hageböllings besonders evident.

Ich möchte an dieser Stelle Wilfried Hagebölling nachdrücklich danken für sein unermüdliches Engagement bei der Vorbereitung der Ausstellung und für die intensive Zusammenarbeit. Der Eröffnung dieser Werkschau ging ein großes Ereignis voraus: die Aufstellung einer Stahlskulptur vor der Städtischen Galerie Am Abdinghof am 70. Geburtstag des Künstlers. Die Realisierung dieser auf einem älteren Entwurf basierenden Arbeit und ihre – im wahrsten Sinne – Aufsehen erregende Präsentation verdankt sich der Initiative des

Freundeskreises Städtische Galerien Paderborn e.V., dem hier nochmals herzlich gedankt sei.

Die vorliegende Publikation ist weniger ein Katalog als vielmehr eine Werkmonographie, die das bildhauerische und zeichnerische Schaffen Hageböllings umfassend in den Blick nimmt. Zum einen sind es die zahlreichen Abbildungen, zum anderen die so kenntnisreichen wie einfühlsamen Textbeiträge und Kommentare, die tiefe Ein-Sichten in das Werk eröffnen. Hier gilt unser Dank Jan Hoet für seinen fundierten Essay. Auch Ingo Bartsch, Manfred Schneckenburger, Helmut Schneider, John Anthony Thwaites und Cornelia Wieg haben sich in der Vergangenheit immer wieder unter unterschiedlichen Aspekten mit dem Œuvre Hageböllings befasst; die hier versammelten Texte geben darüber Aufschluss. Einen eigenwilligen und interessanten Zugang zu den Zeichnungen eröffnet Friedrich Meschede mit seiner These der „Skulpturen auf Papier". Das Buch zu konzipieren, Texte zu redigieren, Bildvorlagen auszuwählen, das Ganze stets kritisch und aufs Neue prüfend, übernahm Monika Hoffmann. Auch ihr gebührt unser aufrichtiger Dank. Jedoch: Ohne einen außerordentlichen finanziellen Beistand wäre die Publikation nicht zu realisieren gewesen. Und so sind wir insbesondere der Stiftung der Sparkasse Paderborn sehr verbunden für ihre großzügige Hilfe. Auch möchten wir dem Landschaftsverband Westfalen-Lippe – Kulturabteilung für den gewährten Zuschuss danken.

Dass wir die Ausstellung im Abdinghof in der angedachten Form haben realisieren können, verdanken wir der engagierten Förderung seitens des Ministeriums für Familie, Kinder, Jugend, Kultur und Sport des Landes Nordrhein-Westfalen.

In den Dank einschließen möchte ich den Kulturfonds Paderborn und den Freundeskreis Städtische Galerien Paderborn e.V. Dem Kunstverein Paderborn danke ich – last but not least – für die erfolgreiche Kooperation.

Andrea Wandschneider

Städtische Museen und Galerien Paderborn

Skulpturen

Aulawand, 1968/69
Realschule Sundern
Beton, 7,50 x 20 m

John Anthony Thwaites

Wenn die Architektur die „Mutter der Künste" sein soll, so ist sie seit Ende des zweiten Weltkrieges eine Rabenmutter gewesen. Man hat den neuen sachlichen Baustil der 20er Jahre übernommen. Das „Ornament" wurde nach dem frühen Slogan von Adolf Loos als „Verbrechen" abgestempelt. Dabei wurde etwas ausser acht gelassen: Pioniere wie Gropius, Le Corbusier und Mies van der Rohe waren selbst große plastische Künstler, deren Architektonik jede Ornamentik überflüssig machte. Ihr „Funktionalismus" war die Verwandlung bautechnischer Funktionen in dreidimensionale Formen. Wie anders die Mehrzahl der Architekten der 50er bis 70er Jahre! Ihr Funktionalismus ist letzten Endes kommerziell: wie viel Gewinn pro Quadratmeter, welche Rendite bringt die Investition? Infolgedessen sind die Bauten innen und außen architektonisch formlos und so öde und langweilig. Das Kulturelle wird angeblich durch die Prozent-Klausel für „Kunst am Bau" geleistet, aber dies ist inzwischen zu einem Witz geworden. Es gibt nur ein Prinzip, das Kunst und Bau verbinden kann: die architektonische Form. Wenn sich aus dem heute kommerzialisierten Chaos am Bau jemals eine Baukunst entwickeln soll, muss dieses verbindende Prinzip wieder zum Tragen kommen – vielleicht sogar eine Einheit schaffen.

Diese Feststellung scheint uns notwendig, ehe wir die Arbeiten von Hagebölling betrachten. (…)

Man hätte eine Entwicklung Hageböllings von der freistehenden zur architekturbezogenen Plastik und weiter zur Architektur erwarten können. Wie wir gesehen haben, war das nicht der Fall. Aber es bleibt doch erstaunlich, dass seine erste „plastische Architektur", die

Aulawand, Innenansicht

Aulawand der Realschule in Sundern, schon 1968-69 entstanden ist, als er ganze 27 Jahre alt war. Die Wand ist im Grunde ein kontinuierliches, doppelseitiges, durchbrochenes Relief von 20 Metern Länge. Die Formen stehen so schräg zueinander, dass sie von außen ein Schattenspiel und von innen ein Lichtspiel für das Interieur erzeugen. Man könnte fast sagen: die Wand ist von außen Architektur, von innen Plastik. Dabei ist diese Arbeit nicht, wie man zunächst vermuten könnte, aus verschiedenförmigen Betonplatten zusammengesetzt, sondern in einem Stück gegossen. Sie zeigt, dass Hagebölling von Anfang an frei von jeglichem Funktionalismus war. Die Gestaltung ist nicht von irgendwelchen bautechnischen Notwendigkeiten bestimmt. Wenn man an Schwitters Merzbau einerseits und Teile von Corbusiers Ronchamps andererseits denken mag, zielt das nicht auf Beeinflussung, geschweige denn Imitation hin. Die Aula ist ein Kunstwerk innerhalb eines konventionellen Baus. Sie sagt aber eine Zeit vorher, in der der Plastiker seine Rolle als Formgeber spielen kann, auch in der Architektur. (1980)

Innenansicht (Detail)

Rechts:

Die **Aulawand** in der Bauphase

Folgende Doppelseite:

Die **Aulawand** im Rohbau

Aulawand, 1968/69 (Detail)

Modell, 1971, Stahl, Höhe 15 cm

Manfred Schneckenburger

Schon 1971, nach seinem Studium bei dem bedeutenden dänischen Bildhauer Robert Jacobsen an der Münchner Akademie, hatte (Hagebölling) Ideen für eine Reihe beweglicher Skulpturen konzipiert. Nicht, dass Bewegung in der Plastik Anfang der 70er Jahre des vorigen Jahrhunderts eine Erfindung von Hagebölling gewesen wäre! Im Gegenteil, „le mouvement" war von Paris über Düsseldorf bis Moskau ein fast schon zur Ruhe gekommener Trend – doch der junge Hagebölling gab der müde gewordenen Kinetik um die Pariser Galerie Denise Rene einen ganz eigenen Schub: ein strenges Raumthema, das sich mit hochaktuellen Aspekten einer psychophysischen Skulptur verband. Doch erst 2009, zum 2000. Jahrestag der Varusschlacht, als Jan Hoet Beiträge für seine Ausstellung „Colossal" zusammensuchte, zog der Paderborner seine 40 Jahre lang gehegten Pläne aus der Schublade hervor. (2010)

Ich habe die Gründe vorhin dargelegt, warum ich mich nach der Akademie nicht ins Atelier zurückzog, um meine Welt losgelöst von allem zur Darstellung zu bringen, sondern sie im Leben zu erproben und zu verankern.

Diese Arbeit von 1971 zeigt etwas davon. Jede Platte für sich ist um eine Achse drehbar. Sie alle sind etwa 3 m hoch gedacht, drei sind gleich groß, eine ist größer.

Letztlich handelt es sich darum, Raum choreographisch zu organisieren und den Betrachter zu aktivieren. Der Betrachter sollte auch Handelnder sein, sich Raum erarbeiten. Choreograph des Raumes sein, – sich erleben. Ich habe vergeblich versucht, diesen Platz 1:1 zu realisieren.
W.H. (1988)

Modell, 1971, Stahl, Höhe 15 cm

Ingo Bartsch

Zeitgleich also etwa mit Richard Serras beginnenden Untersuchungen mittels starker Stahlplatten erkennt Wilfried Hagebölling für sich die latenten Möglichkeiten, Grundbedingungen konkreter Plastik und ihrer psychophysischen Wirkungsmomente zu registrieren. Interessant in diesem Zusammenhang ist vor allem der Interaktionsanspruch, das Verändern-Sollen gekoppelt mit der differentiellen Wahrnehmung aller abweichenden quantitativen sowie qualitativen Raumeigenschaften. Das relativ statische, harmonikale Konzept konkreter Kunst gewinnt die künftig so wichtige Dimension prozessualen Denkens hinzu: der inzwischen erreichte Abstand zur bloßen motorischen Aktivierung des Rezipienten, der sich vor der RauschenbergInstallation „produzieren" muss, um überhaupt rezipieren zu können, wird schlagartig deutlich. Der zeitliche Ablauf, das Nacheinander der Konstellationen sorgen für momenthafte Konkretionen, deren im Gedächtnis gespeicherte Gesamtheit erst das Kunstwerk konstituiert. (1986)

Modell, 1971, Stahl, Höhe 15 cm

John Anthony Thwaites

Auch Architektur in der Architektur (ist) die Lichtdecke in der Sparkasse in Arnsberg (…). Überhaupt ist das Licht ein Element, das für Hagebölling eine große Rolle spielt. In Arnsberg hatte er die Möglichkeit, sich ganz darauf zu konzentrieren und es plastisch zu gestalten. Er manipuliert das Licht so weit, dass die tonnenschwere Decke so durchleuchtend erscheint, als wäre sie aus Glas gebaut. Genau gesehen ist diese von dynamischen Rhythmen beherrschte Decke selbst ein Stück Bildhauerei, nur von unten statt von vorne gesehen. Gleichzeitig ist sie Architektur. Sie gibt dem Wort „Innenarchitektur" eine neue Bedeutung, die nichts mit Innenausstattung oder Dekoration zu tun hat. Sie verwandelt eine im Materiellen „brutalistische" Einfachheit in das, was man Poesie nennen kann. (1980)

Lichtdecke, 1973/74

Sparkasse Arnsberg, Beton, 25 x 20 x 3,50 m

Lichtdecke, 1973/74
Sparkasse Arnsberg
Beton, 25 x 20 x 3,50 m
(Detail)

John Anthony Thwaites

Die Plastik für das Sportzentrum Paderborn ist schlechthin das monumentalste und vielleicht auch dramatischste Werk, das der Bildhauer bis jetzt geschaffen hat. Drei riesige Schrägen in Rot und Dunkelblau steigen aus einer flachen Basis auf, kreuzen beinahe drei weiße Gegenschrägen, schießen aber über diese hinaus. Eine rote Triangel vermittelt zwischen beiden Elementen. In den gleichen Farben antworten von der naheliegenden Wand Schrägen. Die große Einfachheit erinnert an Minimal Art – Drama, Dynamik und Polychromie sind aber aus einer anderen Welt.

Ein Minimalist wie der Amerikaner Ronald Bladen verwendet die Schräge in aufsteigender Form. Sie hat aber keinerlei dynamische Wirkung und ist eher eine Art Augentäuschung. Im allgemeinen vermeiden die Künstler des Minimal auch jedes innere Drama und erst recht jeden Konflikt; daher ihre Axialsymmetrie. Die Paderborner Plastik könnte man, wenn überhaupt, mit dem asymmetrischen Gleichgewicht der Konstruktivisten in Beziehung setzen, jedoch ist sie viel dramatischer. Im Grunde ist sie etwas für sich, ein aggressiver Weitsprung aus der konstruktiven Kunst heraus. Hier bestätigt sich, was man in den letzten zwölf Jahren an Hageböllings Arbeiten feststellen kann: Er ist da am stärksten, wo er am einfachsten ist. So viel hat er von den reduktiven Künstlern gelernt. (1980)

Arbeitsfoto, Sportzentrum Paderborn, 1978

Arbeitsfoto
Sportzentrum Paderborn

Modelle sind für mich der Ausgangspunkt für meine Arbeit. Gleich im dreidimensionalen Raum zu agieren ist entscheidend. Zeichnen als ein erstes Festhalten der „prima idea" ist nicht mein Weg, – Zeichnung hat für mich einen anderen, selbständigen Stellenwert. Modelle können sehr einfache Skizzen aus Pappe, Holz, Gips, Blech, gefaltetem Papier oder jedem anderen Material sein, die sich oft später – manchmal nach Jahren – in ausgereiften Konzepten als Kern wiederfinden. W. H. (2011)

Modelle zur Arbeit am Sportzentrum Paderborn, 1975

Modell, 1973

Stahl, bemalt (rot/weiß/blau)

Höhe 50 cm

Modell, 1973

Stahl, bemalt (weiß), Höhe 44 cm

Ohne Titel, 1973/78

Sportzentrum Paderborn, Beton bemalt, 10 x 10 x 6 m

Ohne Titel, 1978/79
Wand im Sitzungssaal
des Arbeitsamtes Paderborn
Cor-ten-Stahl, Länge 10 m

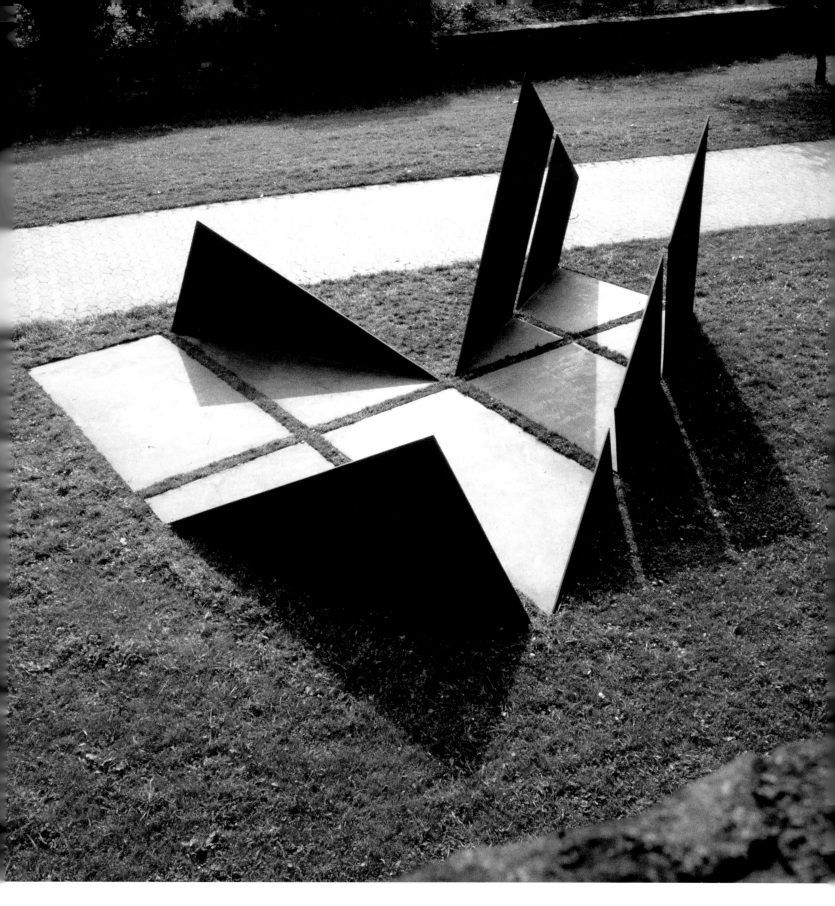

Bodenstück, 1980, Cor-ten-Stahl, Ausgangsfläche 5,125 x 5,375 m, in der Wallanlage in Soest, Kunsthalle Mannheim

Bodenstück, 1980, in der Wallanlage in Soest

Raumschneise, 1981, Cor-ten-Stahl, Ausgangsflächen 1,50 x 2 m, Oberfinanzdirektion Münster

Raumpflug, 1983/84, Cor-ten-Stahl, Ausgangsfläche 3,20 x 4,10 m, am Skulpturenmuseum Marl

Skulpturen, die nach innen gehen

Manfred Schneckenburger

Die Kunst griff seit den 60er Jahren auf immer neue Medien, Materialien, Räume und Aggregatzustände aus. Sie konnte ein Erdhaufen, eine Fettecke, eine Tonne Wasser oder eine Gaswolke sein. Sie fand auf der Strasse, in der Wüste, am Himmel oder in unserem Denken statt. Sie jagte von Begriff zu Begriff: vom Objekt zum Projekt zum Prozess zum Konzept zur Situation zur Idee..., besonders die Plastik wurde zu einem ständigen Treibsatz bei der Explosion des Kunstbegriffs. Was dabei herauskam, war ein beispielloser Schub plastischer Möglichkeiten, die Eroberung von Neuland, aber auch, fassen wir den Begriff Plastik enger, eine Krise ihrer Identität.

Gegenüber dieser morphologischen Promiskuität bestand eine Handvoll genuiner Bildhauer auf den klassischen Determinanten Volumen, Fläche, Raum. Während andere wie im Handstreich Grenzpflöcke ausrissen, schoben sie ihr Terrain Schritt für Schritt weiter und bauten das Erreichte beharrlich aus. Das hatte (und hat noch immer) nichts mit konservativer Haltung, künstlerischem Revisionismus oder gar Akademismus zu tun, sondern folgt einem Weg, auf dem Plastik sich aus ihren konstitutiven Elementen erneuert und erhält. Schlagworte wie Spätkonstruktivismus oder Konkrete Kunst reichen dafür schon lange nicht mehr aus.

Passage, 1984/86 (Detail),
im Domhof von Lübeck

Hagebölling reiht sich hier eigenständig ein. Seine Skulpturen überführen Ergebnisse des ganzen 20. Jahrhunderts in ein individuelles Formproblem. Sie resümieren, gehen weiter, entdecken und erkunden unbeackerte Spannungsfelder zwischen Volumen, Fläche, Raum. Ihre Voraussetzungen reichen über sieben Jahrzehnte zurück. Die erste und wichtigste Voraussetzung ist wohl jener fundamentale Schritt Picassos und der russischen Konstruktivisten seit 1912, der das Schicksal der modernen Plastik entschied: keine Volumina mehr zu modellieren, sondern aus Flächen Raumgebilde zusammenzubauen. Die zweite Voraussetzung verdichtet sich gegen 1960 bei Anthony Caro (der wiederum auf Vorwegnahmen von Rodin bis Giacometti zurückblickt): Die Skulptur steigt vom Sockel, Platten und Gestänge liegen in direktem Kontakt mit dem Boden aus.

Hagebölling steht aber auch noch in einem engeren kunstgeschichtlichen Geviert. Dessen Ecksteine sind mit Etiketten wie Minimal Art, Prozesskunst, horizontale Plastik, Plastik als Handlungsform markiert. In den 70er Jahren nähert Hagebölling sich den elementaren Formreduktionen der Minimal Art; gleichzeitig setzt sich die individuelle Formenvielfalt seiner Skulpturen jedoch von den gestalttheoretischen Ganzheiten der amerikanischen Minimal Art ab. Um 1980 praktiziert er die simplen Eingriffe der Prozesskunst und hält Biegen, Falten, Schneiden ablesbar fest; gleichzeitig zielt er jedoch weniger auf Logik und Transparenz des Machens als auf den Wechsel von Raumerfahrungen im Umgang

mit einer äußeren und einer inneren Form. Im Lauf der 80er Jahre verstärkt er den Wechsel vom Betrachter zum Akteur, der die Plastik gehend als „Handlungsform" erschließt; gleichzeitig leben diese Skulpturen jedoch gerade vom Wechsel zwischen Körpererlebnis und visueller Inspektion, vom Widerspruch zwischen Gehen und Sehen.

Seit anderthalb Jahrzehnten: eine Schrittfolge von exemplarischer Konsequenz, in der Neugier mit Kontinuität zusammentrifft. In den 70er Jahren einfache Rechteckplatten, deren Position wir selber verändern können, zu einem mehrseitig offenen Raum zusammengestellt. 1980 straffere Zielrichtungen, dynamisch geschrägte Platten, aus denen „Raumschneisen" entstehen. Ein „Bodenstück", in dem acht Platten an ihren Ecken hochgeknickt sind und sich zu einem Raumpfeil zuspitzen. Entscheidend, dass die urprüngliche Plattenform und ihre Veränderung durch Falten, Biegen, Schneiden ablesbar bleiben. Was zählt, ist nicht nur der Raumvorstoß, sondern ebenso die kontrollierbare Klarheit der Intervention.

Hiervon setzt sich die weitere Entwicklung ab. Die folgenden „Passagen" und „Stollen" biegen Richtungen um, schachteln zwei Rechteckräume im Winkel gegeneinander, verlaufen gekrümmt oder geschrägt. Sie

Passage, 1984/86
Cor-ten-Stahl, Höhe 3,20 m
Museum am Ostwall, Dortmund

Die Aufnahme zeigt die Skulptur 1986 in der Ausstellung des Museums für Kunst und Kulturgeschichte im Domhof von Lübeck.

verengen sich nach oben oder unten und verkehren die Perspektive. Kubische Räume gehen in trapezförmige oder dreieckige über, – das alles aus wenigen geometrischen Bauelementen, rein aus dem Zugriff präziser Konturen, forcierter Schrägen, die Fluchtlinien suggerieren und der kantenharten Kraft des Materials. Gewiss berührt Hagebölling sich hier mit Aspekten der Architektur-Skulpturen eines Dani Karavan, Bruce Nauman oder der frühen Alice Aycock, doch wesentlicher ist: er gibt keine Instrumente für pure Raumerfahrungen vor, er beharrt, wie Manfred Fath treffend bemerkt, gleichermaßen auf der Plastik als Freiplastik im Außenraum.

Er spannt Flächen durch Schrägung an, stößt sie in verschiedene Richtungen vor, verstärkt ihren perspektivischen Zug, verfugt Dreiecke, Rechtecke, Trapeze miteinander. Diese Flächen sind eben nicht nur Wände für Interieurs, sondern enthalten selber räumliche Energien, die in den Umraum gehen. Jede Fläche hat ihren eigenen Schub, jede Plastik ist rhythmisch entfalteter Außenbau und zusammengedrängter Innenraum in eins: eine Balance zwischen Skulptur und Architektur, die auf großen expressiven Aufwand verzichtet und in der die plastische Formulierung ihre volle Tragkraft bewahrt.

Passage, 1984/86, im Domhof von Lübeck

Passage, 1985/86, Stahl, Höhe 2,97 m, im Domhof von Lübeck, Museum Bochum

Je mehr wir uns allerdings der unmittelbaren Gegenwart nähern, desto mehr greifen die Skulpturen äußerlich architektonische Leitformen auf. Von außen assoziieren wir Bunker, Treppe, Rampe, Haus, im Innern Höhle, Schlucht, Gang, die sich zunehmend komplizieren. Der Widerspruch zwischen Außenform und Innenraum wird jetzt auf vertrackte Weise verstärkt. Ganz bewusst zielt Hagebölling nun nicht mehr auf die wechselseitige Transparenz von Formveränderung und Raumvorstoß. Eingänge, Durchgänge, Ausgänge, Einschnitte konterkarieren die Außenhaut, setzen sich mit eigenen Verläufen, Abweichungen, Verwinkelungen von ihnen ab. Die gewohnte Perspektive unserer Umgebung hebt sich auf, „alles wird Nähe", wie Hagebölling schreibt. Wir sind den seitlichen Wegbegrenzungen ausgeliefert, wir kontrollieren die Ausrichtung nicht mehr. Wissen und Einsicht schlagen in direkte Erkundung und Erfahrung um, logische, visuelle Aufnahme in psychophysische Sensibilität.

Aber gerade die Erinnerung an den anderen, äußeren Rhythmus verhindert Ansätze zur Klaustrophobie und

macht eine hellwache Dialektik von Erinnerung und Erfahrung zum eigentlichen Motor der Rezeption. Die „Poetik des Raums" (Gaston Bachelard) setzt sich nicht absolut, sondern steht im Gleichgewicht mit der plastischen Struktur. Der Ausgang kann gegenüber dem Eingang verzerrt, verschoben sein: Die Gewissheit, dass es einen Ausgang gibt, bleibt dennoch Teil der Situation. Deshalb lösen diese Innenräume keine labyrinthischen Ideosynkrasien aus. Deshalb führen sie in keine traumatischen, mit Psychostress aufgeladenen Unterwelten. Deshalb bleiben sie stets formbestimmt und fordern die Formkontrolle heraus. Selbst wo ein langgezogenes, wie mit Siegellack überzogenes Haus sich dem Archetyp Schrein angleicht, markieren die ansteigende Rampe im Haus und ein Rechteckfenster am Ende des Raums eine überschaubare Ordnung ohne verwirrendes Spiel. Die große Installation in Minden verändert zwar einen ganzen Saal und rückt zwischen die gebaute Architektur und den drei Meter hohen, bleibeschlagenen Skulpturenblock Korridore und Eckzwickel ein, doch die Situation bleibt, wenn schon nicht überschaubar, so doch geometrisch durchklärt. Hageböllings jüngste Skulpturen bewirken Irritation, in die Irre führen sie nicht. Sie vollführen einen Balanceakt zwischen intensiver Raumerfahrung und angespannter plastischer Form.

Zwei Größenmaßstäbe kommen vor. Die größeren Skulpturen sind real begehbar, die kleineren fordern

Stollen, 1985/90
Stahl, Höhe 3 m

Die Aufnahme zeigt die Arbeit 1991 in der
Ausstellung der Städtischen Galerie Paderborn.

unsere Vorstellung heraus. Mich selber berühren die Unterschlüpfe, Spalten, eingeschnittenen Gänge, in die ich mich mit meinem geistigen Auge hinein begebe, in denen sich meine Imagination verfängt, verliert, zurechtfinden muss, nicht weniger als die „lebensgrossen" Konstrukte. Sie öffnen sich der Phantasie und gewinnen daraus einen inneren Maßstab, weit über ihr eigenes und unser Maß hinaus. Ein ausgehöhlter Stein wächst zum Felsmassiv, durch dessen Schluchten wir uns wie Winzlinge vorantasten. Ein simpler kubischer Block mit eingestellter Schräge wird zur abschüssigen Falle für das Auge, das unter die Schräge kriecht und auf ihrer Oberseite abgleitet. Ganz puristische Stereometrien verbinden sich mit komplexeren, psychischen Suggestionen des Raums, Anstößen für das Auge, deren gedämpfte Expressivität in der Zurücknahme, nicht Übersteigerung der Form besteht. (1987)

Stollen, 1985/90 (Detail)

Ohne Titel, 1985/89

Stahl, Höhe 2,90 m, Länge 7,20 m

Die Aufnahme zeigt die Skulptur 1989 in der Ausstellung des Museums Abtei Liesborn.

Ohne Titel, 1986/87, Stahl, Höhe 15 cm

Rechts:

Ohne Titel, 1986
Stahl, Höhe 60 cm
Museum Morsbroich
Leverkusen

Ohne Titel, 1986
Stahl, Höhe 58 cm
Museum am Ostwall,
Dortmund

Ohne Titel, 1988/89, Stahl, Höhe 35 cm

Das Keil-Stück dringt diagonal an der Stelle in den Martinikirchhof ein, wo früher durch ein Gebäude eine Platzwand gebildet wurde, – an der Nahtstelle zwischen historischer und neuer Bebauung. Es rekonstruiert sich eine urbane Situation aus Enge der Gassen und Straßen und gefasster Weite und Helligkeit des Platzes mit dem Himmel darüber. Gleichzeitig werden die noch vorhandenen räumlichen und mentalen Restenergien des Platzes im Inneren der Skulptur gebündelt, komprimiert und abgestrahlt, so dass wieder eine gewisse Beunruhigung auf dem Martinikirchhof spürbar wird, die jenseits seiner heutigen Nutzung als Parkplatz liegt, aber auch jenseits einer romantisierenden Idylle.

Das ist vielleicht das Wichtigste: dass der Betrachter den Martinikirchhof völlig neu sieht – als Ort definiert durch die Skulptur – und beim Eindringen in die Skulptur durch den Schlitz sich selbst neu erlebt – in der Enge der stählernen Raumkammer und beim Hinausschauen der Weite des Himmels gegenüber.

Ein besonderer Aspekt an der Mindener Unternehmung ist, dass der Betrachter nicht eingestimmt im Schutzraum eines Museums mit diesen Gedanken konfrontiert wird, sondern unerwartet bei alltäglichen Verrichtungen – auf dem Parkplatz!

Genau darin liegt eine Wurzel meiner Arbeit seit 20 Jahren: in der Überzeugung, dass Kunst in Leben überführbar ist. W.H. (1987)

Keil-Stück, 1986/87
Stahl, Höhe 4,20 m
Martinikirchhof, Stadt Minden

Seite 64:
Keil-Stück, Innenansicht

Der Fall „Keil-Stück"

Die Erfahrung, dass Skulpturen im öffentlichen Raum nicht bei allen auf Gegenliebe stoßen, ja, dass sie Gegenstand nicht nur verbaler, sondern auch tätlicher Angriffe werden, hat nicht nur Wilfried Hagebölling immer wieder machen müssen, – landauf landab gibt es Beispiele zuhauf, nicht nur in der Provinz, und nicht nur in diesem Land.

Die Vorkommnisse um seine Skulptur „Keil-Stück" aber, die seit ihrer Aufstellung im September 1987 auf dem Martinikirchhof in Minden über mehr als ein Jahrzehnt für Furore sorgte, sind in jeder Hinsicht derart bemerkenswert, dass die Kontroverse anhand einiger exemplarischer Dokumente hier kurz nachgezeichnet werden soll, – zumal sie 2001 zu einem richtungsweisenden Urteil in Sachen Urheberrecht gegen Eigentumsrecht führte, das Wilfried Hagebölling nicht nur für das „Keil-Stück", sondern für alle Kunst, auch im öffentlichen Raum, erstritten hat.

Vorstellung Modell Hagebölling

Der kurzfristig zur heutigen Kulturausschußsitzung eingeladene Bildhauer, Prof. Wilfried Hagebölling, berichtet kurz anhand eines Modells im Maßstab 1:15 seinen Beitrag eines bleibenden Kunstwerks zur Projektwoche „Kultur NRW vor Ort". Die 18 t schwere, aus 45 mm starken Stahlplatten konzipierte begehbare keilförmige Plastik mit einer Höhe von ca. 1,6 bis 4,15 m, mit gleichen Seitenlängen von 7 m und Breiten von 0,8 m an der Schmalseite und 2,5 m an der Breitseite soll während der Projektwoche „Kultur NRW vor Ort" in der Zeit vom 26.9. – 4.10.87 am Nordzipfel des Martinikirchhofes neben dem Martinihaus mit keilförmiger Ausrichtung auf den Chor der St.-Martini-Kirche errichtet werden. Nach den Worten des Bildhauers dient der begehbare Innenraum der Skulptur dazu, daß „der Betrachter zu sich selber finden soll und wo er Vermutungen über das Draußen anstellen kann". Durch den vorgeschlagenen Standort werde der Martinikirchhof optisch geschlossen.

Nach kurzer Erörterung der detailliert vorgetragenen Angaben zur Skulptur anhand des vorgestellten Modells sowie zum vorgeschlagenen Standort bestätigen die Kulturausschußmitglieder einstimmig den in der vorausgehenden Sitzung des Kulturausschusses am 29.6.87 im nicht-öffentlichen Teil unter TOP 8 c) ebenfalls einstimmig gefaßten Beschluß zur Auftragserteilung an Prof. Wilfried Hagebölling zur Verwirklichung der Stahlplastik für „Kultur NRW vor Ort" 1987, die durch eine anonym bleiben wollende Geldgeberin vorfinanziert wird.

Auszug aus der „Niederschrift über die 34. Sitzung des Kulturausschusses am Montag, dem 13.07.1987, 16.30 Uhr im Kleinen Rathaussaal", Minden

Was aber bleibt „vor Ort" von der Mindener Kulturwoche? Eine ungewöhnliche Perspektive auf dem Martinikirchhof wo ein 20 Tonnen schweres „Keilstück" neben dem Weserkolleg gigantisch in den Himmel ragt und für „zackige Konturen" sorgt! (Foto). Was erst einmal massiv sich aufgerichtet hat, das steht fest und ist so schnell nicht mehr verrückbar. (...)

Neue Westfälische, 10. Oktober 1987
gär/Foto: Birkner

„Verpackungs-Künstler" waren nachts am Werk

Das „Keil-Stück" wurde am Donnerstag, den 24. September 1987 auf dem Martinikirchhof aufgestellt, – knapp eine Woche später hatten Unbekannte es verpackt und mit dem Vermerk „Zurück an den Absender" versehen.

Foto (MTFoto: Ti.) und Bildüberschrift:
Mindener Tageblatt, 30.9.1987

Nach den Verpackungskünstlern kamen die Maler

Minden. Nach den Verpackungskünstlern die Maler: Wilfried Hageböllings „Keil-Stück" zeichnet sich seit gestern als mächtiger weißer Klotz vor dem Martinihaus ab. Die Meinungen über diese Art der Kunstbewältigung sind allerdings geteilt. Kaum hatten die nächtlichen Anstreicher auf dem Martinikirchhof ihr Werk vollbracht, ritzte jemand seinen eindeutigen Kommentar zu der Aktion auf das frische Weiß: „Das war eine total besch... Idee...".

MTFoto: jos
Mindener Tageblatt, 9.10.1987

Der Provokateur Nr. 1 im alten Jahr

Minden. Der Kreis hat die Inbetriebnahme seiner neuen Mülldeponie als d a s Ereignis des heute zu Ende gehenden Jahres, in der Stadt Minden drehte sich das Gespräch auch 1988 ungebrochen um das „Keil-Stück" auf dem Martinikirchhof. Kein anderes Thema beflügelte die Phantasie und den Widerspruch, die Begeisterung für die Moderne und die beißende Ironie so sehr, wie dieses Stahlungetüm, von dem manche sich regelrecht bedroht fühlen. Prof. Hagebölling hat ganz offensichtlich mit seinem Werk das erreicht, was jedem Künstler höchstes Glück bedeuten sollte: die Diskussion seines Tuns – ob es nun als künstlerisch oder künstlich empfunden wird. Und sicherlich stößt man einen Künstler nicht vom Thron, wenn man sein Werk „verfeinern" möchte, wie z. B. hier ein unbekannter „Malermeister", der das energiereiche Keil-Stück mit einer nur schwach geordneten Collage aus Teppichbahnen versehen hat. Eine doch recht bemerkenswerte Arbeit, wer das zu deuten weiß. Und wer könnte sich etwa nicht über Kunst äußern?! Das wird auch 1989 von Berufenen und weniger Berufenen zum Glück der Fall sein – am Beispiel „Keil-Stück".

MTFoto: er
Mindener Tageblatt, 31.12.1988

Sonntag, 27. September 1987 (im Programm von „Kultur vor Ort") im Marktzelt:
Kulturpolitisches Forum
Ein Gespräch über „Kulturprovinz und Provinzkultur" mit Peter Iden, Fritz-Theo Mennicken, Henry Nannen, Dieter Treek, Erwin Niermann; Moderation: Lothar Romain.

Donnerstag, 26. November 1987
Wir stellen uns, – Diskussionsveranstaltung über die „Skulpturen in Minden" im Haus am Dom mit Mindener Politikern und Künstlern.

Opposition glänzte durch Abwesenheit
Diskussion über neue Kunstwerke im Haus am Dom – Ratlosigkeit gegenüber der Moderne

Minden. Ein bemerkenswertes Zeitdokument hat die Videogruppe der VHS unter Leitung von C.H. Jaschke erstellt: eine Befragung Mindener Bürger über die im Rahmen von „Kultur vor Ort" hier aufgestellten fünf neuen Plastiken. Vorzugsweise die Skulptur von Wilfried Hagebölling ist es, die den Volkszorn laut werden lässt. „Entartet" hieß es da und „was vor 50 Jahren gezeigt wurde, das war Kunst" – zwei Stimmen, die deutlich ansprachen, was in vielen Reaktionen schlummert: das „gesunde Volksempfinden". (...)
(Auszug) H.P. Holzhäuser im „Mindener Tageblatt", 28.11.87

10. Januar – 7. Februar 1988
Der Kunstverein Minden zeigt in den Räumen des Mindener Museums die Ausstellung „**Wilfried Hagebölling. Skulpturen und Zeichnungen**".

Hagebölling-Ausstellung im Mindener Museum
Der meistdiskutierte Künstler ist in Minden zur Zeit Wilfried Hagebölling. An der Skulptur des Paderborner Künstlers, die während der Mindener Kulturtage auf dem Martinikirchhof aufgestellt wurde, entzündete sich in der Bevölkerung ein heftiger Meinungsstreit. Der Mindener Kunstverein stellt vom 10. Januar bis zum 7. Februar im Mindener Museum an der Ritterstraße verschiedene Werke Hageböllings aus. Die Ausstellung wird hoffentlich zu einer Versachlichung der Diskussion beitragen, die bedauerlicherweise nicht immer von Toleranz gegenüber dem Künstler und seinem Werk geprägt war. (...) (Auszug)
Monatsspiegel. Minden und Umgebung", Januar 1988, S. 4

April 1988
Die VHS Minden gibt ein Heft heraus zur Kunstdebatte:
VHS aktuell. GESPRÄCHE ÜBER MODERNE KUNST mit Wilfried Hagebölling, Waldemar Otto, Joachim Bandau.

Sonntag, 22. September 1988
Podiumsdiskussion im Alten Amtsgericht Petershagen:
Kunst und Kultur allüberall – Boomt die Kreativität, oder fehlt es nur an Maßstäben?
Mit Prof. Dr. Manfred Schneckenburger, Kunsthistoriker, Universität Münster, Wilfried Hagebölling, Bildhauer, Paderborn, Dr. Wolfgang Herbig, Kulturdezernent RP Detmold, Andreas Laubig, Unternehmensgruppe Melitta, Joachim Freymuth, Bildhauer, Minden, Wolfgang Braun, Kulturredakteur, Minden. Diskussionsleitung: Dr. Gerd Voswinkel, Direktor der VHS Minden.

Dienstag, 13. Juni 2000
Podiumsdiskussion in der Aula der Domschule:
Kunst im öffentlichen Raum. Das Keil-Stück, Minden. Was tun mit der vielerorts ungeliebten Skulptur?
Mit Wilfried Hagebölling, Bildhauer, Dr. Thomas Kellein, Kunsthistoriker, Karl-Heinz Gerold (CDU), Helga Neuhaus (SPD), Prof. Horst Idelberger (Grüne), Martin Lüdeking (MI), Jutta Spickenbom (FDP). Diskussionsleitung: Dr. Gerd Voswinkel.

Säuberungsaktion auf dem Martinikirchplatz: Von Papier und bunter Farbe befreiten Mindener jetzt die Plastik des Paderborner Kunstprofessors Hagebölling auf dem Wochenmarkt. »Wir wollen das Objekt wieder in seinen unbeschädigten Zustand zurückführen. Auch der Künstler ist davon überzeugt, daß es nicht so stehengelassen werden kann«, erklärte Dr. Volker Rodekamp. Initiator der Aktion war der Mindener Kunstverein – spontan wurden die Mitglieder von einigen Bürgern unterstützt. Rodekamp: »Auch die Verwaltung hatte vor, das Objekt reinigen zu lassen – so können die Kosten geringer gehalten werden!«
Foto: Klaus Möller

Oben: Westfalen-Blatt, 25. Januar 1988
Unten: Mindener Geschäftsleute wollen das Keil-Stück umsetzen, Mindener Tageblatt, 1. April 1989

Mindener Kaufleute bei einer „Hebeprobe" am Keilstück, das heute einen neuen Standort finden soll.
Foto: Ehlert

Am 1. Oktober: CDU-Mehrheit in Minden – dann

- sorgen wir für die Entfernung des Keilstückes (Rostlaube) vom Martini-Kirchhof
- nehmen wir die Dorferneuerung in Angriff, zunächst in Hahlen, Meißen, Stemmer und Leteln.
- wird es weiterhin ortsnahe Schulen geben, um unseren Kindern weite Wege zu ersparen.
- werden wir die Renovierung des Melittabades einschl. Umkleidekabinen und Duschen vornehmen.
- schaffen wir mehr Plätze in Kinderhorten.
- wird die Trinkwasserversorgung durch Erneuerung und Ausbau des Kanalnetzes gesichert.

Den Menschen näher CDU

Anzeige der CDU zur Kommunalwahl 1989 im Mindener Tageblatt, 23.09.1989

— Anzeige —

Liebe Mitbürgerinnen und Mitbürger!
Die Kandidaten der CDU für den Rat der Stadt Minden sind teils erfahrene „alte Hasen", teils junger „Nachwuchs". Sie alle aber stehen für eine gute Politik in unserer Heimatstadt. Sie bitten am 1. Oktober um Ihre Stimme.
Freundlichst Ihr
Karl-Heinz Gerold
Bürgermeister-Kandidat für Minden

„Es ist ein Fahrrad-Unterstand, es ist ein Hundeklo, es ist eine Rostlaube, es ist also ein Objekt, was beschmiert werden kann. Für mich ist dies also kein Kunstwerk!"
Karl-Heinz Gerold, CDU-Fraktionsvorsitzender, zitiert nach „DAS", NDR (N3), Beitrag von Carsten Wahnes, 12.06.2001

„Wir als verantwortliche Veranstalter sind uns bewußt, dass wir ein hohes Risiko eingegangen sind, denn Kunst ist nichts Angepaßtes. Gerade die „Moderne Kunst" versteht sich als etwas Eigenständiges, will korrektiv sein, erscheint oftmals als Fremdkörper, um als Alternative zum Gewohnten deutlich erkennbar zu sein.

Alle Verantwortlichen sind sich bewußt, dass die aufgestellten Skulpturen in der Mindener Bevölkerung nicht nur auf einhellig positive Resonanz stoßen werden. Die zukünftige Diskussion wird sicherlich als vielschichtige Kontroverse geführt werden. (…)

Wir sollten uns aufmachen, den Weg des Erkundens der Gegenwartskunst weiter voranzutreiben. Dies kann aber nur dann geschehen, wenn hierbei Toleranz als hohes Gut betrachtet wird. Wir alle gemeinsam, die Beauftragten der vier im Rat vertretenen Parteien sowie die Organisatoren aus der Verwaltung hoffen, dass unser Anliegen von der Mindener Bevölkerung als ernsthaft erkannt wird."

Auszug aus dem Faltblatt „Skulpturen für Minden", Kulturamt der Stadt Minden, 1987, unterschrieben von Vertretern aller im Rat vertretenen Parteien

Dr. E. Niermann
Stadtdirektor

G. Becker
Vorsitzender des Kulturausschusses, FDP-Fraktion

G. Brummundt
CDU-Fraktion

C. Gaupp
SPD-Fraktion

J. Freymuth
Die Grünen

Freiheit der Kunst in Minden noch garantiert?

Es war einmal eine kleine Stadt, in der die Bürger glücklich und zufrieden vor sich hinlebten. Doch eines Nachts war es aus mit der Beschaulichkeit, denn es hatte sich Unerhörtes ereignet: ein großer rostiger Stahlkoloß hatte sich auf einem der schönen Park-Plätze breitgemacht und tat den Augen der Leute weh, die nur Schönes in ihrem Städtchen sehen wollten. Ein Wehklagen und groß Geschrei hub an, auf daß der Kunst-Störenfried von seinem Platz verschwinde. Da begab es sich, daß der Rat des Städtchens neu gewählt werden sollte, und die Bürger konnten aufatmen: eine Partei nahm sich einfühlend ihrer Sorgen an und versprach, dafür zu sorgen, daß der Stahl des Anstoßes verschwinden würde, erhielte sie nur die Mehrheit im neuen Rat.

Die Rede ist hier nicht von Schilda – sondern von Minden. Die heimische CDU verspricht bei Erreichen der Mehrheit in Minden: „... sorgen wir für die Entfernung des Keilstückes (Rostlaube) vom Martini-Kirchhof."

Man lasse sich diesen Satz auf der Zunge vergehen, und sogleich stellt sich ein schaler Geschmack ein: Da hat eine demokratische Partei nichts Besseres zu tun, als Entfernung von mißliebiger Kunst zum Programm zu machen. Der Schritt hin zu entarteter Kunst ist nicht mehr weit. (Das Wort „entartet" fiel übrigens schon kurz nach der Aufstellung des Keilstückes während der Kulturtage NRW vor zwei Jahren!)

Artikel fünf Absatz drei des Grundgesetzes sagt unmißverständlich(?): Kunst und Wissenschaft, Forschung und Lehre sind frei. Wie vereinbart sich der von der CDU propagierte Umgang mit Kunst mit diesem Grundgesetzartikel? Kunst ist schon einmal gewesen, was gefällt. Schon einmal stand die Entfernung mißliebiger Kunst als politisches Programm. Was dann kam, ist bekannt – oder doch nicht?

In diesen Tagen ist im Mindener Museum die Ausstellung „Junges Rheinland" zu sehen, eine Sammlung von Werken einst verfemter Künstler. Im selben Atemzug buhlt die CDU um die Stimmen derer, die im Begriff stehen, wieder einen Künstler zu verjagen. Um die Stimmen derer, die nicht bereit waren, in einer öffentlichen Veranstaltung im Haus am Dom ihre Gegnerschaft zum Keilstück mit Argumenten zu untermauern und so eine ernsthafte Diskussion um das Pro und Kontra in Gang zu setzen.

Minden hatte schon immer Probleme mit der modernen Kunst und hat sie heute mehr denn je. Diese Probleme werden nicht gelöst, indem man diese Kunst aus der Stadt verbannt und aus solchem Vorhaben auch noch politisches Kapital schlägt. Ist die Freiheit der Kunst in Minden noch garantiert?

Hans-Peter Holzhäuser

Mindener Tageblatt, 25. September 1989

Auch in den kommenden Jahren reißt die Debatte um das „Keil-Stück" nicht ab.

Während das Mindener Tageblatt mit dem „Keil-Stück" wirbt – s. nebenstehende Anzeige vom 11.6.91 – will die CDU das „Keil-Stück" an den Künstler zurückgeben:

In Minden gibt's Keile für Hageböllings Keil-Stück

... tobt in Minden ein heftiger Streit um das auf dem dortigen Martinikirchhof installierte „Keil-Stück" des Paderborner Künstlers. Die jüngst im Mindener Kulturausschuß verteilte Keile für das Keil-Stück reichten bis zu dem Vorschlag, das Kunstwerk doch in der Weser zu versenken. Ursprünglich hatte sich die Mindener CDU für die Hagebölling-Skulptur stark gemacht. Hatte das Kunstwerk auf dem Martinikirchhof gar gemeinsam mit anderen Fraktionen für die ersten Kulturtage in Auftrag gegeben. Doch mit den Bürgerprotesten kam die Ablehnung: „Das Keil-Stück muß da weg und an den Künstler zurückgegeben werden" beteuerte die Mindener CDU-Frau Monika Meinert jetzt vor dem Kulturausschuß den parteiinternen Gesinnungswandel. Schließlich, so die Christdemokratin, lege man auf die Meinung der Bevölkerung „viel Wert". Und die habe sich eindeutig dagegen ausgesprochen. (Auszug) Neue Westfälische, 5.7.1991

„Keil-Stück" liefert seit zehn Jahren Diskussionsstoff konstatiert das Mindener Tageblatt am 27.9.1997.

Die „Neupreußische Empfindungsgesellschaft" beginnt, das „Keil-Stück" zu bespielen: Jeden 1. Sonntag im Monat, 2. November 1997: **Brecht Keil-Stück Ab!**, 7. Dezember 1997: **Advent, Advent, das Keil-Stück brennt!**, 4. Januar 1998: **Die Gesellschaft empfindet sich unpäßlich. Das Neujahrsspringen findet deshalb im Frühschoppen statt.**, (...) 3. Mai 1998: **Brüder zur Sonne, zum Keil-Stück!** (s. nebenstehendes Flugblatt)...

Am Ratsgymnasium finden unter der Leitung von Ulrich Kügler Projektwochen zum Thema **Gestaltungs-Räume. Schüler entdecken/nähern sich/interpretieren/gestalten Kunst im öffentlichen Raum in Minden** statt, deren Ergebnisse in der zusammen mit der VHS und dem Verein für aktuelle Kunst zum Stadtjubiläum organisierten Ausstellung **DENKMAL – Kunst in Minden** vom 11.–24. Juni 1998 in der Bürgerhalle vorgestellt werden. Es entstehen Zeichnungen nach dem „Keil-Stück" – „Die Schülerinnen und Schüler wählten für eine zeichnerische Untersuchung von Skulpturen im öffentlichen Raum in Minden das bekannteste und meistdiskutierte Kunstwerk in Minden aus. Die Gruppe hat sich entschieden, sich der Arbeit nicht nur theoretisch, sondern vor allem praktisch-künstlerisch zu nähern. Die Gruppe hat zunächst das Keil-Stück vor Ort auf dem Martini-Kirchhof angeschaut, hat es körperlich durch Hineingehen und Umgehen erfahren und sich darüber ausgetauscht. Eine Gruppe hat dann die Skulptur genau ausgemessen und einen Plan und Modelle gebaut. Aus der konkreten Anschauung und aus der Analyse entstanden darauf eine Vielzahl von ungegenständlichen Zeichnungen, nachdem die Schülerinnen und Schüler auch Bildhauerzeichnungen von Hagebölling kennengelernt haben". (Zitat: Projekt-Mappe des Ratsgymnasiums) – am und im „Keil-Stück" fand eine Kunst-Aktion statt: „Um ihre positive Einstellung zu diesem Kunstwerk zu verdeutlichen und Werbung für Toleranz gegenüber der Kunst allgemein zu machen, richteten (vier Schüler) dort für einen Vormittag ein Wohnzimmer mit Sessel, Tisch, Tapete und Teppichboden ein. Das Quartett lebte im Keil-Stück, umgeben von Spargel-Verkaufsständen und Abfall, eine kleinbürgerliche Familienidylle vor, die in ihrer Übertreibung und Absurdität so manchen Passanten neugierig machte oder zum Gespräch anregte. Demonstrieren Sie gegen Wohnungsnot?, wurden die Schüler gefragt...." (MTonline, s. auch nebenstehendes Foto), der Film zur Aktion wird in der Ausstellung gezeigt, – im Souvenir-Shop zur Ausstellung gibt es (u. a.) das „Keil-Stück" aus Holz gesägt, gebacken, geschweißt und gemeißelt.

Aus der Kommunalwahl am 12.9.1999 geht die CDU als stärkste Fraktion im Mindener Rat hervor.

Verwaltung soll im Stadtgebiet nach geeignetem neuen Standort suchen. **„Keil-Stück": CDU, FDP und MI für Verlegung**
Minden (pjs/man). „Das Keil-Stück kommt weg!" ist sich Karl-Heinz Gerold sicher: Wie der Vorsitzende der CDU-Fraktion gestern Nachmittag am Rande der Stadtverordnetenversammlung mitteilte, habe die CDU im Einvernehmen mit der FDP und der Mindener Initiative den Bürgermeister gebeten, im Mindener Stadtgebiet nach einem geeigneten Standort für die Installation suchen zu lassen.
(Auszug) Westfalen-Blatt, 28.10.1999

Das Keil-Stück soll weg. Mindener CDU will ein altes Wahlversprechen halten und eine Plastik Wilfried Hagebollings umsetzen
(Überschrift) Feuilleton Neue Westfälische, 30.10.1999

Keil-Stück beschäftigt Verwaltung. CDU stellt offiziell Antrag auf Prüfung der Umsetzungskosten und Rechtsfragen
(Überschrift) Mindener Tageblatt, 18.11.1999

Urheberrecht betrifft auch den Standort Martinikirchhof. **Keil-Stück-Versetzung nicht gegen den Willen des Künstlers**
Minden (WB). Die Vermutungen des Kulturamtes haben sich bestätigt. Das „Keil-Stück" des Paderborner Künstlers Wilfried Hageböllling kann nicht ohne dessen Einwilligung vom Martinikirchhof entfernt werden. (…) Hagebölling hatte immer wieder betont, die stählerne Skulptur speziell für den Kirchhof angefertigt zu haben. Gegen eine geplante Umsetzung könne der Künstler daher mit dem Urheberrecht argumentieren, so Steffen. (…) Dass der Künstler von sich aus einer Versetzung zustimmt, ist unwahrscheinlich. Noch vor Wochen hatte der Künstler gegenüber dem Westfalen-Blatt betont, alle juristischen Möglichkeiten prüfen lassen zu wollen, um ein Entfernen des Keil-Stückes zu verhindern. Der Paderborner hatte sich auf das Urheberrecht berufen. Eine Argumentation, die jetzt vom Rechtsamt bestätigt wird.
Westfalen-Blatt, 4.1.2000

Gutachten: Keil-Stück darf zerstört werden
Minden (man). Dauerbrenner „Keil-Stück" auf dem Martinikirchhof: Gestern legte die CDU dem Kulturausschuss ein neues juristisches Gutachten vor. Dieses Gutachten sagt unter anderem, dass es dem Eigentümer nach ständiger Rechtsprechung frei steht, „sein Kunstwerk auch gegen den Willen des Künstlers entweder nicht auszustellen oder sogar zu zerstören". Allerdings solle vor diesem Schritt dem Künstler das Werk zur Rücknahme angeboten werden.
Die CDU hat sich mit MI und FDP für ein Versetzen des Keil-Stücks ausgesprochen. Aufgrund der im Gutachten herausgestellten Rechtslage wird die Möglichkeit dieses Schrittes untermauert. In der Empfehlung heißt es: „Unseres Erachtens sollte der Künstler unter Hinweis auf die Rechtslage aufgefordert werden, sein Einverständnis zu einer Versetzung des Keil-Stücks an einen anderen geeigneten und konkret bezeichneten Ort zu erteilen. Die rechtlich zulässige Alternative, das Keil-Stück einzuziehen oder zu zerstören, kann nicht im Interesse des Künstlers liegen". **Bericht folgt**
Westfalen-Blatt, 29.8.2000

Keil-Stück: Mit Hagebölling sprechen. **Künstler soll sich bis Dezember entscheiden**
Minden (WB). Bis zum 1. Dezember soll Wilfried Hagebölling Zeit haben, die Geschicke des „Keil-Stückes" mitzubestimmen. Lässt sich der Paderborner Künstler darauf nicht ein, soll das stählerne Kunstwerk vom Martinikirchhof entfernt und auf dem städtischen Bauhof zwischengelagert werden. Dies sieht ein gemeinsamer Antrag von CDU, MI und FDP vor, dem der Mindener Kulturausschuss gestern mehrheitlich zustimmte. (…)
(Auszug) Westfalen-Blatt, 31.10.2000

Das „Keil-Stück soll weichen". Bürgerliche Mehrheit überstimmt SPD und Grüne
Minden (mt). (…)
Wie Karl Friedrich Jakubeit (CDU) argumentierte, habe auch der Gerichtsstreit über die „Kasseler Treppe" gezeigt, dass das Eigentumsrecht über dem Urheberrecht stehe. Die Kosten für die Umsetzung in Höhe von 8000 Mark seien gesichert und müssten nicht von der Stadt aufgebracht werden.
(Auszug) Mindener Tageblatt, 31.10.2000

Die Frist ist abgelaufen: CDU-Fraktionsvorsitzender und Bürgermeister sprachen mit Hagebölling. **Die Fronten bleiben hart wie das „Keil-Stück"**
(Überschrift) Westfalen-Blatt, 2./3.12.2000

Städtischer Gutachter hält Vernichtung für zulässig. **Keil-Stück-Abtransport vorbereiten**
Minden (WB). Es ist rechtlich zulässig, das Keil-Stück der Öffentlichkeit zu entziehen oder gar zu vernichten. Zu diesem Ergebnis kommt nach dem von der CDU beauftragten Gutachter auch ein Jurist der Stadt. Folge: Der Abtransport des Kunstwerks vom Martinikirchhof soll vorbereitet werden.
(Auszug) Westfalen-Blatt, 19.12.2000

Am 2.1.2001 teilt der Erste Beigeordnete der Stadt Minden, Peter Kienzle, Wilfried Hagebölling schriftlich mit (eingegangen in Paderborn am 4.1.2001):
„…Unterdessen haben wir, wie am 1. Dezember 2000 angekündigt, durch den zuständigen Bereich Recht der Stadt Minden die rechtliche Seite erneut untersucht und sind übereinstimmend mit dem Gutachten von RA Kaufhold (…) zu dem Ergebnis gelangt, dass es zulässig ist, die Skulptur vom Martinikirchhof zu entfernen und der Öffentlichkeit zu entziehen.
Vereinbarungsgemäß setzen wir Sie von der Absicht, das auch zu tun, in Kenntnis und werden die Einlagerung an einem der Öffentlichkeit nicht zugänglichen Ort nunmehr kurzfristig vornehmen."

Am 8.1.2001 stellt der Anwalt von Wilfried Hagebölling, RA K.J. Auffenberg, an das Landgericht Bielefeld den **Antrag auf Erlaß einer einstweiligen Verfügung**, am 10.1.2001 reicht er beim Landgericht Bielefeld Klage gegen die Stadt Minden ein „wegen: Unterlassung (Urheberrecht)".

Als feststeht, dass die Stadt Minden die Skulptur tatsächlich entfernen will, regt sich überregionaler Protest, nicht nur in der Presse.

Anzeige

DAS KEILSTÜCK

Der **Rat** der Stadt Minden hat beschlossen, das Keilstück vom Martinikirchhof **zu entfernen** und zunächst auf dem Bauhof zu deponieren. Bereits dadurch, dass man die Skulptur der Wahrnehmbarkeit entzieht, wird sie faktisch vernichtet. Das ist ein barbarischer Akt.

Er zeugt von Unkenntnis und **Ignoranz**. Moderne Kunst will ja Anstoß erregen. Nur wenn sie nicht harmonisiert, erfüllt sie den Anspruch an die Kunst in unserer Zeit. Minden will als aufgeschlossene Stadt gelten. Der Beschluss, das Keilstück zu entfernen, zeigt, dass die Stadt davon weit entfernt ist. Die **Beseitigung** des Keilstücks würde dem kulturellen Image der Stadt schaden.

Die **Skulptur** des renommierten Bildhauers Wilfried Hagebölling wurde im Jahre 1987 aufgrund eines einstimmigen Ratsbeschlusses aufgestellt. Sie ist das einzige Zeugnis moderner Kunst im öffentlichen Raum in unserer Stadt. Hagebölling hat mit dem Werk heftige Diskussionen angestoßen und zum **Nachdenken** provoziert. Das will man jetzt, auf Wählerstimmen spekulierend, unterbinden.

Das Keilstück sollte nicht beseitigt, sondern regelmäßig **gereinigt** werden. Nicht die Stahlskulptur stört den Martinikirchhof, sondern die Ungepflegtheit dieses Platzes. Nicht die unbequeme Skulptur ist zu entfernen, sondern der unförmige Fahrradständer und die Müllecke in ihrer unmittelbaren Nähe. Man muß dem Keilstück endlich die Möglichkeit geben, seine Aura zu entfalten. Wir fordern den Rat der Stadt auf, seinen unwürdigen Beschluss zu revidieren.

Die **kulturtragenden** Vereine und die Kunst- und Kulturschaffenden in **Minden:** Mindener Kunstverein e. V. I Verein für aktuelle Kunst im Kreis Minden-Lübbecke e. V. I Literarischer Verein e. V. Minden I Arbeitskreis Kirche und Kunst an der Christuskirche I Burk-Theater I Kulturzentrum BÜZ I Culture & Economics Galerie Dr. Ulrike Rathert I der regenbogen I freie Mindener Künstlergruppe I die Fittinge e. V. I Goethe Freilichtbühne Porta Westfalica I Mindener Stichlinge I Kurt-Tucholsky Bühne I lille kunterbunt e. V. I Neupreussische Empfindungsgesellschaft zu Minden I Willy Weper and Still Crazy I Zimmertheater Karlshorst Berlin I Kulturverein Wolkenstein e. V. I Kulturcafe Weingarten I Groove Cooks I Kreativpool Etageeins I Mitglieder des Jazzchores Minden I

(V.i.S.d.P.) Verein für aktuelle Kunst, R. Oremek

Auf den drohenden Abtransport der Skulptur vom Martinikirchhof reagieren die Mindener Kunst- und Kulturschaffenden, zahlreiche Vereine und viele Bürger mit Protest. Der Verein für aktuelle Kunst ruft unter dem Motto „Ich stehe zum Keil-Stück" zu einer Versammlung vor der Skulptur am Samstag, 13. Januar 2001 auf, obige Anzeige im Mindener Tageblatt am Samstag, 27. Januar 2001 unterstreicht den Protest.

In einer **Umfrage der Neuen Osnabrücker Zeitung** „zeigen sich Museumsdirektoren (Anm.: vom Museum Morsbroich Leverkusen, dem Skulpturenmuseum Glaskasten Marl, und dem Gerhard-Marcks-Haus, Bremen) bestürzt über diesen erneuten Eingriff der Politik in die Freiheit der Kunst. Politik dürfe nicht bestimmen wollen, was Kunst sei".
NOZ, 16.1.2001

Der Bundesverband Bildender Künstler (BBK), Direktoren und Kuratoren weiterer Museen – Museum am Ostwall, Dortmund, Museum Folkwang, Essen, Sprengel Museum Hannover, Kunsthalle Mannheim, Kunsthalle Recklinghausen, Siegerlandmuseum, Siegen – sowie der Kulturpolitische Sprecher der Fraktion Bündnis 90/Die Grünen im Landtag NRW, wenden sich in **Briefen an den Bürgermeister von Minden**, Reinhard Korte, um ihn noch umzustimmen, und selbst der Minister für Kultur des Landes NRW, Dr. M. Vesper, appelliert an ihn, „die Skulptur, die eigens für diesen Platz geschaffen ist, nicht zu entfernen."
(Brief vom 7.2.2001)

In Minden schaltet sich der **Pfarrer der Martinikirche**, Dr. Winter, in die Diskussion ein, er gibt im **Gemeindebrief** zu bedenken: „Kunst jedenfalls bestätigt niemals die vorherrschenden Sichtweisen. Das gilt für gegenständliche wie für nichtgegenständliche Bilder und Skulpturen. Tun sie es dennoch, brauchen wir sie nicht! (…) Darum, ob das Keil-Stück nun künstlerische Kraft in sich trägt oder nicht, in jedem Fall hat es uns alle zu einer fruchtbaren Diskussion herausgefordert, die noch lange nicht an ihr Ende gekommen ist, die wir aber dringend (…) brauchen."
martinibote, Februar/ März 01

Am Freitag, den 9. Februar 2001 findet der **Gerichtsprozess am Bielefelder Landgericht** statt.

Landgericht Bielefeld, Urteil, verkündet am 9.2.2001:
„Die Klage wird abgewiesen. Entscheidungsgründe: Die Klage ist unbegründet. Dem Kläger steht kein Unterlassungsanspruch gemäß §§ 2 Abs. 1 Ziffer 4, 14, 97 UrhG gegen die Beklagte zu. Denn das dem Kläger zustehende urheberrechtliche Werkschutzinteresse gemäß § 14 UrhG schlägt gegenüber dem Eigentümerinteresse der Beklagten nicht durch.
(…) Die von der Beklagten geplante Entfernung der Stahlplastik und deren Verbringung auf den der Öffentlichkeit nicht zugänglichen Bauhof kommt deshalb der Zerstörung des Kunstwerks gleich, weil dadurch die vom Kläger künstlerisch gewollte und geschaffene Einbettung des Kunstwerkes in die bewußt gewählte Umgebung, den Martinikirchhof, dauerhaft zerstört wird. Die Werksvernichtung ist die schärfste Form der Beeinträchtigung des Kunstwerks und daher geeignet, die berechtigten geistigen und persönlichen Interessen des Klägers an seinem Werk dauerhaft zu gefährden. Demgegenüber sind aber, da das Werksintegritätsinteresse des Klägers kein absolutes Recht darstellt, auch die Interessen der Beklagten, der Eigentümerin des Werkes, abzuwägen. Der Eigentümer eines Kunstwerks darf das Werk grundsätzlich zerstören. Das Vernichtungsabwehrinteresse des Urhebers kann deshalb in der Regel nur bei hochwertigen Originalen von Werken der bildenden Kunst, wenn es darum geht, eine mutwillige Zerstörung abzuwehren, durchschlagen (…). Unstreitig hat das Werk des Klägers von Anfang an und fortdauernd zu kontroversen Diskussionen in der Öffentlichkeit geführt. Die Beklagte will diese Diskussionen beenden und den Martinikirchhof in seiner ursprünglichen Form für die Öffentlichkeit wieder herstellen. Dabei handelt es sich nicht um eine mutwillige Zerstörung der Plastik. (…)".

Der **„Fall Keil-Stück"** findet immer größere Beachtung, überregionale Tageszeitungen (FAZ, Die Welt, taz, HAZ, Rheinische Post, etc.), Kunstzeitschriften, Rundfunk und Fernsehen (WDR) berichten.

7. März 2001: **Beratung im Kulturausschuss des Landtags NRW** über den „Streit um das Mindener ‚Keil-Stück' – Kunst im öffentlichen Raum". In einem anschließenden Brief appellieren die Vorsitzende des Ausschusses, Dr. R. Düttmann-Braun, und der Minister für Kultur, Dr. M. Vesper, an den Bürgermeister der Stadt Minden:
„Es wäre verhängnisvoll, wenn politische Mehrheiten oder gar politische Geschmäcker darüber entscheiden dürften, was als Kunstwerk akzeptiert oder toleriert wird und was nicht. Kunst braucht Freiheit. Sie ist nicht dazu da, sich in das jeweils dominierende Farbbild einzupassen, sondern sie hat herauszufordern, darf provozieren, soll zu Diskussionen anregen. (…) In diesem Sinne appellieren wir beide an Sie, im Namen des Ausschusses und im Namen der Landesregierung, das „Keil-Stück" an seinem Platz zu belassen."
(Auszug) 26.3.2001

Um das **finanzielle Risiko** eines 2. Verfahrens nicht ganz allein tragen zu müssen – in einem Fall, der letztlich auch nicht nur seine Skulptur „Keil-Stück" betrifft – wendet Wilfried Hagebölling sich an den BBK mit der Bitte um Unterstützung. Hierauf teilt der Bundesvorsitzende des BBK, H. W. Sotrop, ihm mit: „(…) Eine finanzielle **Beteiligung des BBK an den Prozesskosten** ist leider **nicht möglich**, da dies den Finanzrahmen des BBK sprengen würde. Wir bedauern, Ihnen keine andere Mitteilung machen zu können."
(Brief vom 23.3.2001)

Wilfried Hagebölling legt **Berufung gegen das Urteil** des Bielefelder Landgerichts ein.

Die **Verhandlung vor dem OLG Hamm** findet am 12. Juli 2001 statt.

Oberlandesgericht Hamm, Urteil, verkündet am 12.7.2001:
„Die Beklagte wird verurteilt, (…) zu unterlassen, die auf dem Martini-Kirchhof in Minden befindliche Stahlplastik „Keil-Stück" auf den Bauhof der Beklagten zu verbringen oder verbringen zu lassen. Entscheidungsgründe:
Die Berufung des Klägers ist begründet.
(…) Die vom Kläger bekämpfte Demontage der Plastik stellt damit eine Entstellung im Sinne des § 14 UrhG dar, die der Kläger als Urheber prinzipiell nicht hinzunehmen braucht (…), wenn nicht berechtigte Belange der Beklagten als Eigentümerin dem entgegenstehen.
(…) Diese Interessenabwägung fällt hier entgegen der Ansicht des Landgerichts zugunsten des Klägers aus.
Nach § 14 UrhG ist das Entstellungsverbot des Urhebers nicht schrankenlos gegeben, sondern es hängt von einer Abwägung der Interessen des Urhebers an der unverfälschten Erhaltung eines Werkes und den Interessen des Eigentümers an der freien Verfügungsbefugnis über sein Eigentum ab (…).
Diese Interessenabwägung kann nur konkret im Hinblick auf die zur Rede stehende Entstellung erfolgen. Denn nur dann lassen sich die im Streit befindlichen Interessen angemessen bewerten. Hier geht es darum, dass die Beklagte die Plastik auf ihren Bauhof verbringen will. Konkrete Umstände, die sie dazu zwingen, hat die Beklagte nicht vortragen können. (…) Die Beklagte will im Ergebnis vielmehr nur einem Geschmackswandel Rechnung tragen (…).
Solch einem Geschmackswandel brauchen die Interessen des Klägers als Werkschöpfer aber nicht zu weichen. Würde schon ein bloßer Geschmackswandel ausreichen, um das Entstellungsverbot des Urhebers einzuschränken, würde dieses Recht praktisch entwertet. Es stünde dann im Ergebnis im Belieben des Eigentümers, das Werk an seinem Platz zu dulden oder nicht (…)".

Das „Keil-Stück" bleibt auf dem Martinikirchhof in Minden.

Die Stadt Minden lässt die Skulptur und das Umfeld bis heute – 2011 – weiterhin demonstrativ verkommen.

Skulptur-Projekt Langenfeld, 1987/88, Mauerwerk, geputzt und bemalt

Skulptur-Projekt Langenfeld, 1987/88, oben: Innenansicht

Ohne Titel, 1985/86, Wachs, Höhe 36,5 cm

Ohne Titel, 1982/88

Stahl, Höhe 24,5 cm

Ohne Titel, 1985/88, Aluminium, gegossen, Höhe 1 m

Ohne Titel, 1985/95, Stahl, Höhe 1,48 m

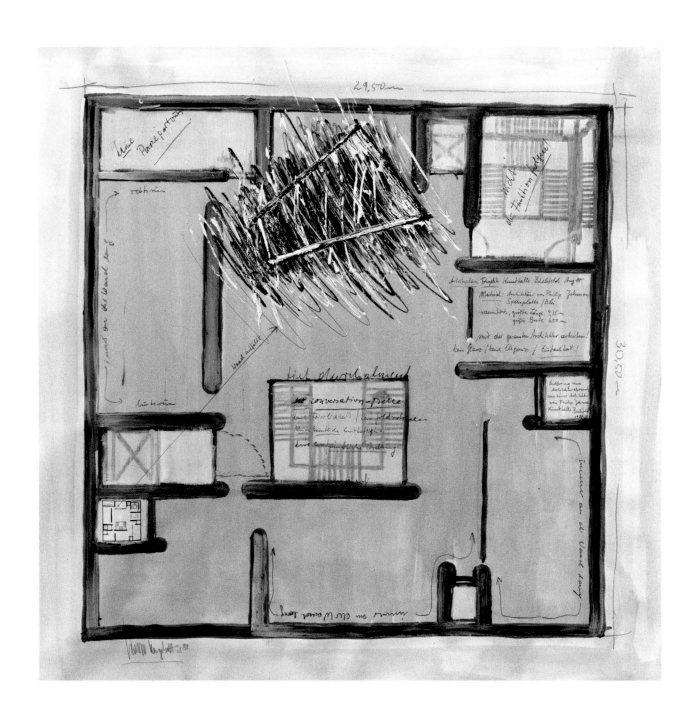

Projekt Kunsthalle Bielefeld, 1988, Arbeitsplan

„Tief durchatmen"

Helmut Schneider

Auf einen Grundriss des zweiten Obergeschosses der Kunsthalle Bielefeld hat Wilfried Hagebölling eingezeichnet, wie er die Topographie des Museumsraumes zu verändern beabsichtigte, und er hat in den Plan auch hineingeschrieben, warum er den künstlerischen Eingriff in die Architektur, ganz konkret in diese Architektur, für eine sinnvolle, mehr noch: eine durchaus notwendige Aufgabe hält.

Die aphoristisch knappen Bemerkungen kreisen um den Status und die Funktion der Architektur, beschäftigen sich mit ihrer Wirkung und gehen der Frage nach, ob sie die ausgestellten Kunstwerke richtig zur Geltung bringt oder nicht doch eher in ein Korsett zwängt. Die Überlegungen, die Hagebölling notiert hat, machen klar, dass er sich nicht als Mitspieler der Architektur begreift, sondern als ihr Gegenspieler: Das Museum wird zum Schauplatz einer Auseinandersetzung zwischen dem Bildhauer, der seine Vorstellung von Raum aus der Dynamik der plastischen Form ableitet, und dem Architekten, für den Raum aus dem Zusammenwirken von Dimension, Proportion und Symmetrie resultiert.

Wilfried Hageböllings Arbeit hat keinen Titel, er nennt sie einfach „Projekt Kunsthalle Bielefeld", auf dem Grundriss ist jedoch ein Arbeitstitel vermerkt, der erklärt, was er vorhatte: „Entfernung einer Wand aus der Architektur von Philip Johnson". Und genau das ist passiert. Die Wand, die Wilfried Hagebölling entfernt hat, ist die der Treppe gegenüberliegende, auf die man

Situation Kunsthalle Bielefeld, 2. Obergeschoss

beim Heraufkommen unvermeidlich blickt. Er hat sie nicht verschwinden lassen (nur optisch, versteht sich), weil sie seiner Arbeit im Weg stand, ihre Ummantelung diente also keineswegs dem Zweck, seiner Plastik einen optimalen Aufstellungsort zu sichern.

Den Platz, den normalerweise die Wand einnimmt, brauchte er aus einem ganz anderen Grund. Sie markiert nämlich eine Seite des rechteckigen Innenraumes – und Hagebölling hat sie entfernt, weil er die Dominanz des rechten Winkels brechen, die starre, durch Wandöffnungen und -vorsprünge nur scheinbar aufgelockerte Raumaufteilung sprengen wollte. „Das Architektursystem durchkreuzen!" lautet eines der Notate. Eine Anweisung, die eigentlich nur bedeuten kann, dass der Künstler durch eine genau kontrollierte Intervention den gewohnten Raumeindruck gezielt und nachhaltig stört.

Von dieser Überlegung ging Hagebölling auch aus. Sein Problem war nur, dass er die Architektur nicht mit billigen Tricks denunzieren durfte, wenn er vorhatte, den Besucher auf einen Mangel aufmerksam zu machen. Das Projekt konnte also nur gelingen, wenn es die Architektur demaskierte. Dazu musste der Künstler seinen Gegner zunächst zu seinem Verbündeten machen. Folgerichtig benutzte er die Architektur als Material für seine Arbeit – dem entspricht auch die Eintragung auf dem Grundriss: „Mit der gesamten Architektur arbeiten!" – und machte damit bekannt, dass die gebaute Umgebung als Bestandteil seiner Plastik aufzufassen ist.

Die Lösung, die er gefunden hat, macht unmittelbar verständlich, warum die Architektur bei der Verwirklichung des Projekts ein wichtiger, obschon unfreiwilliger Mitarbeiter war. Ihre Präsenz garantierte nämlich den Erfolg des Vorhabens. Hageböllings Arbeit wäre auch an einem anderen Ort, eingepasst in eine andere Situation, ein bemerkenswerter Vorschlag zur Intensivierung der räumlich-plastischen Wechselbeziehungen. Hier jedoch liefert die Architektur die eigentliche Pointe, sie ist das Nest, in das Hagebölling sein Kuckucksei legt, die Folie, die den Kontrast erst richtig sichtbar macht.

Von der Treppe aus wirkt die Plastik zunächst als eine flächige Wand. Der Betrachter kann nicht erkennen, dass er einen plastischen Körper in Form eines unregelmäßigen Trapezes vor Augen hat. Er sieht ein aufrechtstehendes Rechteck, das mit den übrigen rechteckigen Raumbegrenzungen allerdings nicht korrespondiert, da es aus dem vorhandenen Koordinatensystem ausbricht und sich querstellt. Diese Wand hält sich nicht an das Regelmaß, das den Raum bestimmt, sie orientiert sich nicht an den gegebenen Perspektiven, es gibt keinen Bezugspunkt, von dem aus man eine Verbindung zur Umgebung herstellen könnte.

Diese Wand ist ein Fait accompli, das schlicht irritiert. Kein Ersatz für die Wand, die nun nicht mehr sichtbar ist, keine Form, welche die Hierarchie der Formen im Raum respektiert, kein Glied in der Abfolge von geschlossenen Flächen und Durchblicken, das irgendwie als Fortsetzung einer Reihe begreifbar wäre. Ein Element allerdings der Un-Ordnung, das die Ordnung als Monotonie entlarvt, ein Fingerzeig, der hinweist auf die lähmende Überorganisation der Architektur, kurz, der Entwurf eines anders, lebendiger strukturierten Raumes.

Durch die Installation kippt der Raum, die Horizontalen und Vertikalen geben ihm keinen Halt mehr, er implodiert. Neben der fleckigen, malerischen Oberfläche der Bleifolien an der Außenhaut der Plastik wirken die makellosen, hellen Wandbespannungen fad, erscheint die Musterung des Wesersandstein an der Treppenhausmauer blass. Die rein zufällig entstandenen Figurationen auf den Bleifolien sind ein Moment sinnlich erfahrbarer Wirklichkeit inmitten geplanter Sterilität. Die Veränderung der Architektur entpuppt sich als Kritik, die zugleich auch einen Verbesserungsvorschlag enthält.

Kritik und Korrektur verbinden sich ein zweites Mal bei der Orientierung der Plastik in einer Umgebung, deren Merkmale sich ständig wiederholen und dadurch außerstande sind, auf spezifische Anforderungen der Kunst zu reagieren. Hagebölling hat die Arbeit so im Raum verkantet, dass außen und innen unterscheidbar werden. Die Wand, die dort ihren angestammten Platz hat, besitzt eine Vorderseite, die identisch ist mit

Oben und folgende Doppelseite: **Projekt Kunsthalle Bielefeld**, 1988
Material: Architektur von Philip Johnson, Spanplatte, Blei, 9,50 x 6,50 x 7,50 x 2,50 m, Höhe 4,30 m

Projekt Kunsthalle Bielefeld, 1988

der Rückseite. Die Plastik zeigt nach vorn ihre Schauseite und gibt sich erst in dem Kabinett, in das sie sich ausdehnt (und das sie auch weitgehend füllt), als dreidimensionale Form zu erkennen. Der Betrachter draußen kann sich ihr auf beliebige Weise annähern, er bestimmt selbst seinen Standort. Drinnen kann er ihr nicht mehr ausweichen, sie schränkt seine Bewegungsfreiheit ein und bestimmt die Distanz, aus der er ihr begegnet. Optische Wahrnehmung dort, körperliche Erfahrung hier – so macht die Plastik das unterschiedliche Erlebnis einer großen architektonischen Struktur und eines von Wänden begrenzten Raumes deutlich. Der offene Raum artikuliert sich anders als der geschlossene, und das bleibt nicht ohne Auswirkung auf die Kunstwerke in dem einen oder anderen Raum.

„Architektur kann Kunst nicht koordinieren", notiert Hagebölling und fügt hinzu: „Das Primat der Architektur brechen". Das heißt ja wohl – und wer wollte dem ernsthaft widersprechen – dass eigentlich die Kunst bestimmen sollte, welche Architektur sie braucht. Jedenfalls keine, die Offenheit nur vorspiegelt und sich letztlich doch totalitär verhält, also mit dem Anspruch auftritt, sich alles, die Kunst inklusive, unterzuordnen. Gegen diesen Anspruch lehnt sich Wilfried Hageböllings Bielefelder Projekt auf, in einem Museum, das zum Widerspruch geradezu herausfordert. Und indem er diese Architektur kritisiert, macht er sich zum engagierten Anwalt der Künstler. Ein Fall von Denkmalsschändung? Mitnichten, ein Akt der Notwehr in Wahrung berechtigter Interessen. (1988)

Eisbrecher im Lichthof

Manfred Schneckenburger

Die Plastik war jahrhundertelang ein gefügiger Abkömmling der Architektur. Erst Donatello löste die Figur von der Wand – seitdem leben Mutter und Tochter in einem bewegten Spannungsfeld zwischen Rückkehr und Emanzipation. Nichts ist endgültig, außer der verlorenen, selbstverständlichen Harmonie. Ein kräftiger Strang der Moderne liest sich u. a. auch als Geschichte vieler Versuche, in die alte, traute Einheit zurückzukehren: eine Linie vom Jugendstil über den Expressionismus bis zum Konstruktivismus, die im „Bauhaus" noch einmal programmatische Universalität gewinnt.

Wo steht Wilfried Hagebölling, der seit Jahren mit architektonischen Assoziationen an Bunker, Haus, Rampe, Treppe agiert? Er lädt Wände und Wälle, Eingänge und Umgänge seiner Skulpturen architektonisch auf, aber er beharrt auf ihrem skulpturalen Eigenrecht, ja, auf ihrer Pflicht zur Autonomie. Mehr noch, in „Notationen" zu einer mächtigen, raumgreifenden Intervention in die Kunsthalle Bielefeld mahnt er sich selbst: „Gegen die Architektur arbeiten... Das Prinzip der Architektur brechen!" Hagebölling bricht dieses Prinzip, indem er den Raum durch Volumina kontert. Er vernichtet dessen konstruktiven Kern, indem er die herausgesprengten Partikel körperlich erkundbar und plastisch erfahrbar macht.

Projekt Museum am Ostwall Dortmund, 1992/93
Material: Architektur des Lichthofes, Spanplatte, Blei
Höhe 9,35 m

Das meint Hagebölling, wenn er einmal schreibt, dass „alles Nähe wird". Architektonische Räume regeln das Verhältnis von Nähe und Ferne funktional oder gleichen zwischen Dimension und Proportion aus. Hagebölling unterwirft den Raum der Plastik und ihrer bedrängenden Nähe. Wir erfahren den Schub der Umgebung am eigenen Leib. Solche Situationen fordern nicht nur das Auge, sondern unsere ganze psychophysische Sensibilität heraus.

In großen Museums-Installationen in Bielefeld und Dortmund triumphiert so die autonome Skulptur – in der Reaktion auf den Bau. Gegen Philip Johnsons Bielefelder Museum reckte sich, wie mit ausschlagenden Ellenbogen, ein Keil, der auch gegen zuviel architektonisches Eigengewicht gewandt war. Der Eingriff nahm Züge von Museums-, ja Kulturkritik an. Der Lichthof im Museum am Ostwall ist das konstruktive Herzstück des Hauses, um das, weit geöffnet, zwei Geschosse gelegt sind. Dieser Lichthof drängt keine Bilder zurück, doch er artikuliert ebenso nobel wie deutlich den eigenen Anspruch der Architektur. Also begegnet Hagebölling ihm, durchaus dialogisch, mit dem Anspruch der Skulptur, die den Raum bricht und braucht. Die Muskelanspannung des knapp neuneinhalb Meter hohen trapezförmigen Blocks verlangt nach Widerstand, sonst geht sie klobig ins Leere und bleibt ein massiges Monument. Gerade weil Hagebölling den Bau genau kennt und seine ästhetischen Stärken analysiert, kann seine Plastik so präzis wirksam sein. Sie bricht, bei aller raumhohen, raumweiten Expansion, nicht einfach als wuchtige okkupatorische Geste ein. Sie besetzt den Hof, aber mit strategischem Kalkül. Sie basiert auf dem abgewogenen System rechter Winkel, das sich vom Grundriss über den Aufriss bis zur Doppelreihe der Durchblicke und zum Netz der Dachstreben zieht. Also schiebt der Block sich als mächtige, raumgreifende Diagonale quer durchs Carré. Weil die Diagonale von einer Ecke zur anderen reicht, wirkt sie nicht eingestellt, sondern sicher verspannt. Weil sie uns an Wänden entlang zwingt, treten Richtungen und Tiefenschübe an die Stelle des zentrierten Hofs. Weil die Längsseiten den Takt dehnen, die Schmalseiten ihn beschleunigen, unterscheiden wir zweierlei Bewegungsmaß. Weil die Skulptur uns in Schluchten und steile Raumzwickel weist, wird der Zentralraum förmlich dissoziiert. Weil die Resträume exakt kalkuliert und nicht bloß stehen geblieben sind, steigern sie sich zu einer negativen, begehbaren Skulptur: einer Folge irregulärer, dynamisch gestraffter Erfahrungsräume, im Kontrast zum vorgegebenen durchlichteten Ebenmaß. Das Geviert dreht sich um die eigene Achse, so wie Hagebölling sonst Schneisen, Passagen und Stollen torsiert und kippt. Der Störfall gewinnt seine eigene Logik: gegen Koordinaten, Hierarchie, Symmetrie – ein Griff, der die ästhetische Konvention des Zentralraums zum Schweigen bringt, indem er sie als (notwendige) Folie nutzt.

Doch Hagebölling platziert nicht nur einen energetischen Störfall gegen die Architektur. Käme es nur auf das Volumen an, so hätten auch Spanplatten genügt. Der Panzer aus Bleiplatten strukturiert die Oberfläche ohne Regelmaß. Vertikal durchlaufende Fugen

Projekt Museum am Ostwall Dortmund, 1992/93
Ansicht vom 2. Obergeschoss

forcieren auf subtile Weise die Höhe, die Versprünge der horizontalen Fugen irritieren die Geschossgliederung. Das Blei gibt dem Massiv Dichte und Schwere, die zur Schubkraft wird. Schrunden und Wellen zeichnen Berührungsspuren ins weiche Material, machen es lebendig und verweisen die glatten, weißen Wände in eine kühle klassizistische Sterilität. Die Heimkehr in die Architektur bringt keine neue Einbindung, sondern ist ein souveräner Akt. (1993)

Projekt Museum am Ostwall Dortmund, 1992/93

Projekt Museum Abtei Liesborn, 1989
Spanplatte und Blei, Höhe 3,50 m, Länge 9,18 m

Projekt Colombipark, Skizze

Skulptur-Projekt Colombipark, Freiburg, 1989, zwei Stahlplatten gleicher Größe, 2,65 x 7,15 m

Skulptur-Projekt Colombipark, 1989

Ohne Titel, 1988, Cor-ten-Stahl, Höhe 2,50 m

Ohne Titel, 1988/89
Installation in der Galerie Monika Hoffmann, Paderborn
Stahl und Wandbemalung, Höhe der Stahlplatte 1,20 m

Kreuz-Stück, 1985/86, Stahl und Gips, Höhe 30 cm

Kreuz-Gang, 1987/91
Stahl, Höhe 2,50 m

Interview mit Wilfried Hagebölling

von Cornelia Wieg

C. W. Sie arbeiten mit Räumlichkeiten, sie konstruieren Räume, Sie arbeiten mit Innen und Außen – Ihre Skulpturen sind z. T. begehbar. Sie konstruieren Skulpturen von bestimmten Raumpunkten aus in den Raum hinein (die Eckreliefs), Sie stellen Körper in vorhandenen Architektur- und Außenraum: Skulpturprojekte in Museumsräumen wie Dortmund und Bielefeld, Arbeiten auf öffentlichen Plätzen, wie z. B. in Langenfeld oder Minden.

W. H. Meine Absicht ist es, Raum zu definieren. Meine bildhauerischen Interventionen in Bielefeld oder Dortmund brechen das Prinzip der Architektur. Es entsteht im vorhandenen Architekturraum ein völlig neuer Raum, der durch die Skulptur bestimmt ist. Die Skulptur schafft ihn sich und bezieht den Betrachter ähnlich ein wie im Inneren der begehbaren Skulpturen wie „Kreuz-Gang" oder „Stollen". Es geht nicht um Distanz, sondern um Nähe. Das Körperempfinden des Betrachters ist als Wahrnehmungsprozess in die Skulptur einbezogen. Hierin sehe ich eine Potenzierung des Körperlichen, wohingegen ich nie das Anliegen gehabt habe, mich auf dem Wege der Naturwiedergabe des Körperlichen künstlerisch auszudrücken. Die Eck-Stücke oder Eck-Wachs-Arbeiten greifen den bestehenden Raum, sein stoffliches Volumen, an seinem empfindlichsten Punkt, der Ecke, elementar an und stellen Wechselbeziehungen in Frage, wie Dichte – Schwere, Volumen – Masse, Material – Volumen, positiv – negativ, innen – außen. Es geht nicht um ein vordergründiges Einbeziehen von konkreten Tatsachen wie Wand, Boden, Ecke in die Skulptur, sondern vielmehr um Raumuntersuchungen in Grenzbereichen.

C. W. Geht es Ihnen „nur" um Form oder auch um Emotion?

W. H. Ich will bewusst machen, dass man auf dem Boden steht und dass über einem der Himmel ist, dass man ganz hier ist und dass man zum Denken und Handeln aufgefordert ist. Kritisch ist. Es geht also um eine Haltung, gewonnen aus einem Sich-Verhalten zu etwas, und dann erst um Form. Ginge es in erster Linie um Form, sprächen wir über Design und nicht über Skulptur.

C. W. Auf diese Weise wollen Sie Selbstwahrnehmung herstellen?

W. H. Bildhauerei ist traditionell eine Kunst, die über das Auge wahrgenommen wird. Ich will einfach noch andere Sinnesorgane einbeziehen als das Auge allein. Auch das Körperempfinden, die eigene Lotlinie sollen bewusst sein und die Wahrnehmung überprüfen. Dadurch reflektiert man neu: z. B. den Standort als Umfeld, das körperlich zu erkunden ist. Die Wahrnehmung wird verschärft.

Kreuz-Gang, 1987/91
Innenansicht

Kreuz-Stück, 1987/91, Stahl, Höhe 60 cm, Stadtmuseum Oldenburg

C. W. Ihre Arbeiten stellen sich oftmals unter zwei Aspekten dem Betrachter dar: zuerst als ein Körper, scheinbar als Masse. Dann tun sie sich auf oder sind sogar begehbar und zeigen sich von innen als Konstrukt – der körperhafte Eindruck wird aufgehoben.

W. H. Nehmen wir z. B. den „Kreuz-Gang", der von Ihnen in Halle gezeigt wird. Zunächst ist durch die Positionierung der Skulptur Raum als Ort bestimmt, was man als Körperhaftigkeit, Masse wahrnimmt. Das ist die Präsenz der Skulptur als Gegenüber in Distanz. Auch die Annäherung durch Umschreiten der Skulptur bleibt Distanz, nur eben in Bewegung. Die einzige Weise, die Skulptur voll zu erfassen ist, sie zu betreten, in ihr zu sein. In den gekippten Kreuzarmen wird das Auge unter die Kontrolle des Gleichgewichtssinnes gestellt. Hier vollzieht sich der Wechsel von Distanz zu Nähe. Raum zerfällt in eine dezentrierte Situation – als Störfall des Gleichgewichtssinnes, hautnah, ja mehr noch, innerlich wahrnehmbar. Im Kreuzungspunkt selbst spürt man die „innere Lotlinie", die Achse der Skulptur, in die eigene Lotlinie verlegt. Man selbst wird zum Kern der Skulptur. Der Wahrnehmungsprozess verlagert sich in die eigene Innenwelt, wird Bewusstwerdungsprozess. Damit erweist sich die Skulptur nicht als materieller Gegenstand, nicht als Gegenüber.

C. W. Welche Rolle spielt das Material für Sie?

W. H. Es ist die expressive und vor allem die strukturelle Seite, die mich am Material Stahl interessiert. Es geht ja um das, was ich Haltung nenne. Die Körper, Formen und Flächen im Raum müssen knallhart da sein. Stahl hat diese Härte, Präzision, Schärfe. Aber es gibt auch völlig andere Situationen, die ein weiches, geschmeidiges Material verlangen. Wenn ich Raum anknabbere, zerbrösele, dann verwende ich fragile Materialien wie Gips oder fließende, weiche wie Wachs und Blei. Meine

Arbeit ist nicht ergebnisfest, was bedeutet, dass ich nicht beginne mit einem Resultat vor Augen, und es entscheidet sich erst in der Auseinandersetzung, welches Material sich als tragfähig erweist. Auch der Umgang mit dem Material ist wichtig und soll als authentischer Prozess erkennbar sein. Es gibt eigentlich kein Material, das ich verabscheue. Eine Frage zum Stellenwert des Materials ist für mich: Wenn man dem Bildhauer sein Material und sein Werkzeug wegnähme, wäre er dann noch Künstler, und worin bestünde dann seine Qualität als Künstler? Es geht mir ja nicht darum, ein weiteres Kunstwerk zu schaffen, sondern herauszufinden, wie (was) Skulptur sein könnte, was sie ausmacht.

C. W. Wo hat Ihrer Meinung nach Skulptur heute für alle wahrnehmbar Ihren Platz?

W. H. Wenn Sie den öffentlichen Raum meinen: da bin ich schon der Meinung, wenn ich sehe, was heute alles in den öffentlichen Raum hineingeknallt wird, dass er eher neutral sein sollte. Das Vorhandensein von Kunst im öffentlichen Raum setzt im allgemeinen Konsens voraus – wie sonst könnte sie dort hingelangen. Konsens ist aber eine der denkbar schlechtesten Voraussetzungen für Kunst. Konsens entschärft, neutralisiert. Dennoch halte ich den öffentlichen Raum für absolut wichtig als Forum für Kunst und letztlich für wirksamer

Ohne Titel, 1986/91, Stahl, Höhe 88 cm

als Museen. Entscheidend ist, dass Kunst mit derart entschiedenem Widerstand in eine öffentliche Diskussion eingreift, dass es zu einer Diskussion kommen muss, dass das Streitgespräch, die Basis von Demokratie schlechthin, unausweichlich wird. Dass Denkprozesse eingeleitet werden. Wenn es gelingt, eine Diskussionsbasis zu schaffen, kann es ein sehr fruchtbares Ergebnis werden. Dann ist der öffentliche Raum der wirklich wichtige Raum für die Skulptur. Um es gleich vorwegzunehmen, das hat nichts mit Provokation zu tun, sondern mit Ernsthaftigkeit.

C. W. Sie wollten ursprünglich Malerei studieren. Was hat Sie bewogen, sich der Bildhauerei zuzuwenden?

W. H. Das Bild erschien mir letztendlich zu illusionistisch, es war mir nicht konkret genug. Ein Bild weist meist auf eine andere Bezugsebene. Eine Skulptur ist, konkret wie ein Gegenstand, im Raum da. Man kann sich an ihr stoßen und reiben, bis endlich die Betrachtung in eine andere Wahrnehmungssituation umschlägt. (1994)

Ohne Titel, 1991, Stahl und Beton, Länge der Einzelelemente 4,50 m

Ohne Titel, 1991

Stahl und Schraubzwingen

Höhe 60 cm

Boden-Stück, 5-teilig, 1989, Stahl, Höhe 12,5 cm

Kreis-Stück, 1985, Stahl, Breite 1,36 m

Oben:
Kreis-Stück, 1986
Stahl, Ø 60 cm

Kreis-Stück, 7-teilig, 1987
Gips, Ø 1,20 m

Kreis-Stück, 7-teilig, 1987, Gips, Ø 1,20 m

Rechts:

Kreis-Stück, 1992

Gips, Ø 4,20 m

Kreis-Stück, 1988

Asphalt und Stahl, Ø 1,10 m

Innen-Außen-Kreis-Stück, 1992, Stahl, Ø 4,50 m

Vieles, wenn auch nicht alles, entwickelt sich in der Bildhauerei aus dem Umgang mit dem Material, und dabei spielt häufig auch das Atelier eine Rolle als Refugium.

Der stärkste Gegensatz zu diesem intimen Ort ist ein Hüttenwerk oder eine Werft. Die schiere industrielle Wucht an Energie und Masse erfordert die gesamte Kraft, um als Individuum nicht zermalmt zu werden. Aber es ist auch ein wunderbarer Ort, Material mit riesigen Energien in präzise Form zu bringen, jenseits von Nutzen und Nützlichkeit, und als Selbst zu bestehen.

W. H. (2011)

Vorhergehende Doppelseite:

Hortus, 1992

Stahl, Ø 10 m

Landesvermessungsamt,

Bonn-Bad Godesberg

Folgende Seiten:

Arbeitsfotos

Fertigung der Skulptur (s. Abb. Doppelseite 138/139)

auf der Werft Thyssen-Nordseewerke,

Emden, 1994

„Ich will bewusst machen,
dass man auf dem Boden steht
und dass über einem der Himmel ist,
dass man ganz hier ist
und dass man zum Denken und Handeln
aufgefordert ist." W. H.

Folgende Doppelseiten:
Ohne Titel, 1993/94
Stahl, Höhe 3 m, Ø 6 m

Wand-Stück, 1989, Kupfer, Höhe 25 cm

Wand-Stück, 1989/90, Stahl, Höhe 54 cm

Wand-Stück, 1985/89, Holz und Wachs, Höhe 57,5 cm

146 **Wand-Stück**, 1990, Kupfer, Höhe 17,5 cm   Rechts: **Wand-Stück**, 1990, Stahl, Höhe 105,5 m

Eck-Stück, 1988, Stahl, Höhe 48 cm

Oben:

Eck-Stück, 1989

Stahl, Höhe 80 cm

Rechts:

Eck-Stück, 1988

Gips, bemalt, Höhe 48,5 cm

Links:

Eck-Stück, 1988

Pappkarton und Blei, Höhe 30 cm

Links: **Eck-Stück**, 1988/89, Gips, bemalt, Höhe 50 cm   **Eck-Stück**, 1991, Styropor und Wachs, Höhe 68 cm

Rechts:

Ohne Titel, 1992

Beton, Höhe 89 cm

Ohne Titel, 1991

Wachs, Höhe 8 cm

Eck-Stück, 1993, Stahl

Rechts:

Eck-Stück, 1993

Stahl, Höhe 72 cm

Eck-Stück, 1993

Styropor und Wachs, Höhe 82 cm

Eck-Stück, 1997, Stahl, im Rathaus von Heiligenhaus zur Ausstellung „STAD(t)TART. Kunst in 56 homöopathischen Dosen" Schirmherrschaft: Johannes Rau. Das „Eck-Stück" wurde in der Nacht vom 24. zum 25. Juni 1997 zerstört.

Meine Eck-Stücke sind Angriffe auf den stereometrischen Funktionsraum. Sie setzen sich wie scheinbare Passstücke aus Wachs, Gips und anderen Materialien subversiv in Kanten, an Wänden und in Ecken fest und zerbröseln und zertrümmern – auch mit in die Ecke geschleuderten Stahlbrocken – die raumdefinierenden Merkmale und überführen Raum aus der alltäglichen Anonymität in einen neuen plastisch-skulpturalen Sinn. W. H. (2011)

"Säuberlich aufgeschichtet": die Reste von Hageböllings „Eckstück", das im Rahmen der „STADT(t)-ART"-Aktion des Kultursekretariats Gütersloh im öffentlichen Raum installiert wurde.   Bilder: Kreimeier

WAZ / Heiligenhaus, 26.6.1997

Provokation

Skulpturen ecken an

„Kunst in homöopathischen Dosen" verabreicht das Kultursekretariat Nordrhein-Westfalen in Gütersloh derzeit 56 Städten mit einem Skulpturenprogramm. Den eingeladenen Künstlern wurde per Losentscheid eine Stadt zugeteilt, in der sie bis Anfang Oktober ein Werk in der Öffentlichkeit zeigen können – in Bad Oeynhausen und Waltrop, Emsdetten und Plettenberg, Gronau und Telgte. Die ersten Reaktionen der Provinz fielen so aus wie erwartet: provinziell. Wütende Leserbriefe in den Lokalblättern, etwa in Lippstadt, wo eine Skulptur von David Rabinowitch einen schweren Stand hat.

In einer Zeitung namens „Patriot" wettert die Mittelstands- und Wirtschaftsvereinigung einer christlichen Volkspartei gegen „solche Art ,Kunst'". In Dülmen wurde eine Arbeit der Künstlerin El Loko besprüht. In Warendorf und Brilon wurden die Werke von Henk Visch und Nataly Maier von den Marktplätzen entwendet. „Natürlich hatten wir mit Problemen gerechnet", räumt die Gütersloher Projektleiterin Petra Renkel ein. „Auch kleine Dosen können Wirbel auslösen."

Aber die gezielte Aktion im Rathaus von Heiligenhaus bei Essen hat nicht nur die Initiatoren überrascht. Dort hatte der Bildhauer Wilfried Hagebölling einige Dutzend rostiger Stahlteile, Gesamtgewicht eine Tonne, am Treppenaufgang zu einem „Eckstück" zu Boden geschleudert. Damit habe er „Irritation stiften und eine Diskussion in Gang setzen" wollen.

Beides ist gelungen. Schon bei der Eröffnung habe ihm ein erregter Besucher eine Anzeige wegen Sachbeschädigung angedroht, berichtet Hagebölling. Eines Morgens fanden sich die Elemente des „Eckstücks", sauber gestapelt, auf einer Palette wieder nebst Flugblatt. Darin bekennt sich eine Gruppe namens „Die Kunstbanausen" zum Anschlag. Das Pikante an diesem Fall liegt darin, daß Spuren eines Einbruchs in das Rathaus nicht zu finden waren, so daß die Vermutung zumindest naheliegt, die Übeltäter seien im Besitz eines Schlüssels.

Ein Verdacht treibt die Gemeinde um. In einer gut besuchten Diskussion am Tatort erwies sich, daß Kunst als „homöopathische" Provokation auf dem Dorf nicht nur die seltene Gelegenheit zur Werkbetrachtung bietet. Sie wird vielmehr zum Lehrstück über Toleranz und Meinungsaustausch. Der Lernbedarf offenbarte sich eindrucksvoll, als ein Ratsherr seine Sympathie mit den anonymen Banausen bekundete: Er könne die Tat „verstehen", wenn auch nicht „billigen". Worauf ihm erwidert wurde, der Grat zwischen Verstehen und Billigen sei doch ziemlich schmal.

Beistand von den Bilderstürmern erhielt der Sympathisant übrigens nicht. Sie schlugen die Einladung, sich der Debatte zu stellen, aus – mit gutem Grund. Hagebölling hat Anzeige erstattet; die Ermittlungen laufen.   GEORG IMDAHL

FAZ, 17.7.1997, Nr. 163, S.32

JOHANNES RAU
MINISTERPRÄSIDENT
DES LANDES NORDRHEIN-WESTFALEN

Herrn
Wilfried Hagebölling
Bleichstraße 31

33102 Paderborn

Spiekeroog, den 25. Juli 1997

Sehr geehrter Herr Hagebölling,

für Ihren Brief vom 27. Juni dieses Jahres danke ich Ihnen sehr. Die Zerstörung Ihrer Bodenskulptur "Eckstück" durch unbekannte Täter im Rathaus von Heiligenhaus hat auch mich betroffen gemacht. Deshalb möchte ich Ihnen gleich aus meinem Urlaub auf Spiekeroog schreiben.

Ich will Ihnen sagen, daß ich mit einer solchen Reaktion auf die Ausstellung Ihres Kunstwerkes im Rathaus von Heiligenhaus nicht gerechnet hätte, eine Reaktion, die ja offensichtlich keineswegs einer spontanen Gefühlsaufwallung entsprang.

Sie schreiben zu Recht, daß der Sachschaden noch das geringere Problem sei. Vielmehr muß uns die Unduldsamkeit und die Zerstörungswut beschäftigen und erschrecken, mit der man hier gegen ein Werk der modernen Kunst vorgegangen ist.

Beim Erschrecken darf es aber nicht bleiben. Wir alle müssen uns - vielleicht noch stärker als bisher - darum bemühen, für die Freiheit von Kunst und Kultur einzutreten und für das sensibler zu machen, was uns die moderne Kunst sagen will und zu sagen hat.

Moderne Kunst sucht ja durchaus die Konfrontation; sie will Anstoß erregen, um damit Anstöße zu geben; das sind aber immer Anstöße zu einer nachdenklichen und friedlichen und nie zu einer blindwütigen und agressiven Auseinandersetzung mit ihren Inhalten und Formen.

Das wollte ich Ihnen rasch schreiben, damit Sie wissen, wie ich denke und daß ich Ihnen nachfühlen kann, wie es Ihnen ums Herz ist.

Lassen Sie sich bitte nicht entmutigen, und seien Sie
freundlich gegrüßt
von Ihrem

Eck-Stück, 2008

Styropor und Wachs

Höhe 48 cm

Ohne Titel, 1992, Beton, Höhe 2,40 m (Arbeitsfoto)

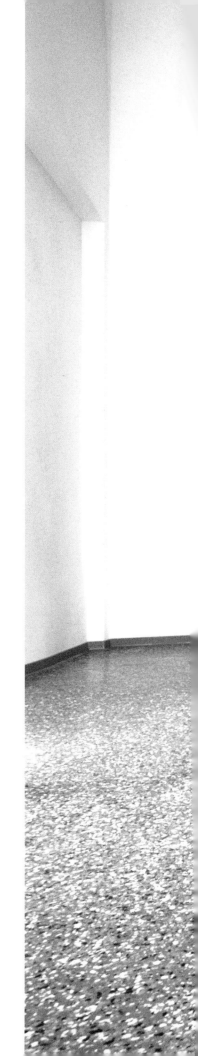

168 **Ohne Titel**, 1996, Stahl, Höhe 3 m, in der Galerie Monika Hoffmann, Paderborn

Ohne Titel, 3-teilig, 1996
Stahl, Höhe 76 cm

Ohne Titel, 1988, Bitumen auf Papier

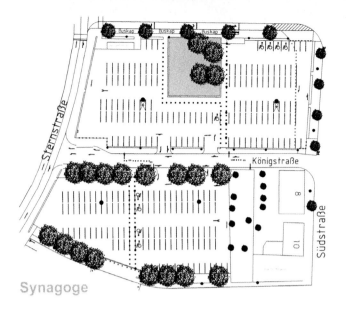

Santa-Monica-Platz, Hamm
mit Markierung der Fläche für die
„Gedenkstätte am ehemaligen Synagogenstandort"

Entwurfsskizze

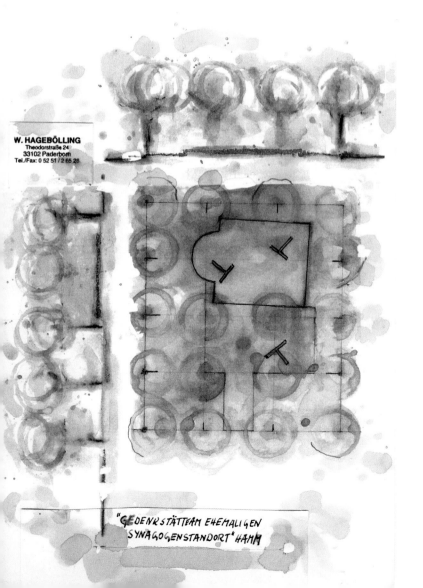

Gedenkstätte „Alte Synagoge"

Im staatlich zentral organisierten Pogrom der sogenannten „Reichskristallnacht" vom 9. November 1938 wird die Synagoge geschändet, geplündert und zerschlagen, wegen der Brandgefahr für die angrenzende Umgebung nicht angezündet.

Auf Entschließung des Oberbürgermeisters und auf Anweisung der städtischen Behörden wird die Synagoge auf Kosten der jüdischen Gemeinde zwischen Dezember 1938 und Anfang Januar 1939 abgerissen. (…)

Mit dem Abriss des früheren kriegsgeschädigten Schulgebäudes 1948 verliert sich die Erinnerung an die Geschichte der jüdischen Gemeinde aus dem Stadtbild und dem öffentlichen Bewusstsein.

Aus den Ruinen des Krieges wird das ehemals dicht bebaute Innenstadtkarree zu einem namenlosen Ort, der als Parkplatz und für Markt und Jahrmarkt benutzt wird. (…)

Die vielfachen Nachkriegsplanungen und Nutzungen dieser binnenstädtischen Brachfläche münden in einer manifesten Gedenkstätte auf den Grundrissen und in den Fundamenten dieses historischen Ortes.

Auf Ratsbeschluss der Stadt wird ein Gestaltungswettbewerb ausgelobt, über ein Auswahlgremium entschieden und durch den Rat am 29. Januar 2002 beschlossen. Die feierliche Übergabe an die Bürgerschaft erfolgt am 3. Dezember 2003.   Stadt Hamm (2004)

Modell 1:50 Gedenkstätte „Alte Synagoge", Hamm, 2001

Es ist beabsichtigt, das gesamte ca. 625 qm große Grundstück, auf dem die jüdische Synagoge am Santa-Monica-Platz stand, als Gedenkstätte zu gestalten.

Die Grundrisse der Synagoge und der Judenschule sind noch zu rekonstruieren und können zumindest teilweise als Fundamentreste im Boden bezeugt werden. Aus diesen historischen und archäologischen Zeugnissen soll ein Bodenrelief – wie im Modell 1:50 dargestellt – erarbeitet werden, das den Ort und seine Vergangenheit anschaulich werden lässt. (...)

Die Grundrisse werden auf unterschiedlichem Niveau durch Pflasterung, Stufen und Plateaus im Gelände markiert und ausgeformt. (...)

Um den Ort in der Großflächigkeit der derzeitigen Stadtbrache des Santa-Monica-Platzes fest zu verankern und um einen Straßenraum auszubilden (...), soll das gesamte Grundstück in einem dichten Raster mit Platanen zu einem Baumgarten als „Architekturwald"
bepflanzt werden (das Raster ist im Modell mit grünen Punkten und in den Plänen dargestellt). Die vorhandenen Bäume sollen als „Zeitzeugen" in der neuen Bepflanzung erhalten bleiben.

Das Geviert mit dem Bodenrelief wird von dem Laubdach der Platanen überspannt und bildet im Stadtraum einen Hain aus, in dem die Spuren der Vergangenheit gesichert sind. Die Arbeit bietet über das Gedächtnis hinaus einen neuen, skulpturalen „Grundriss" an: Zwischen drei gleichen Doppelwinkelstücken aus Stahl (L 2,50 m, B 2,50 m, H 0,70 m) wird im Inneren des Hains ein Kernraum als ein neues Zentrum ausgelotet und definiert. Durch die Strenge und genaue Zuordnung der Winkelstücke zueinander (s. Modell 1:12,5) werden die räumlichen Energien zu einem Kontinuum von Raum, Zeit und Stille gebündelt, verdichtet und gehalten. Hierdurch entsteht ein würdiger, beseelter Ort jenseits aller oberflächlichen Trauer- und Feierlichkeitssymbolik oder -Rhetorik, der sich durch sein Anders- und Besonderssein widerständig im Stadt-

bild absetzt, – ein meditativer Raum, der unsere Sinne schärft und zur konkreten Positionsbestimmung in der örtlichen Situation und mit dem eigenen Körper auffordert. Die Gedenkstätte will an die Zerstörung der jüdischen Gemeinde und die Vernichtung jüdischen Lebens erinnern, indem sie noch vorhandene Zeugnisse eines gemeinsamen Lebens in der Vergangenheit birgt und in Augenschein bringt, und gleichzeitig Raum schaffen für ein neues Miteinander.

Ich halte es nicht für richtig, dass dieser Ort mit einer Wartehalle und anderen Funktionsbauten in Zusammenhang gebracht wird. (...) Hier soll ein stiller Ort entstehen, der jede Angleichung an Stadtgestaltung oder gar Stadtdekoration verbietet. Der Ort ist so eigenständig, dass er sich in einer künftigen Bebauung des Santa-Monica-Platzes behauptet.   W.H. (2001)

Modell 1:12,5 Gedenkstätte „Alte Synagoge", Hamm, 2001

Gedenkstätte „Alte Synagoge", 2001/03, Santa-Monica-Platz, Hamm

Ein Stück Treibgut aus der Hölle

Interview mit Wilfried Hagebölling von Monika Hoffmann

M. H. Innerhalb Deines künstlerischen Werkes nimmt die Arbeit „Abu Ghureib 2003/2004 – Friedrich von Spee 1631/1632" einen ganz besonderen Platz ein: erstens ist sie Deine erste explizit politische Arbeit und zweitens ist es das erste Mal, dass Du die Form nicht selbst entwirfst, gestaltest, sondern eine bereits vorhandene Form – eine Isolierzelle, wie sie US-Truppen in Bagdad benutzen – übernimmst, sie nachbaust. Wie bist Du darauf gekommen, was hat Dich dazu veranlasst?

W. H. Ich glaube, instinktiv war mir klar, dass es keine von mir selbst erfundene Form sein durfte, die diese Intervention begründet. Hier in der Anklage, in dem Aufschrei, ist Stil nicht angesagt. Hier geht es um Fakten, es geht um den Aufprall, das Einschlagen einer Form (Käfig) in ein biederes, voradventliches Stadtidyll. Der Zusammenhang ist wichtig, nicht die Form oder Handschrift, der künstlerische Stil. Es durfte auch erst gar kein Argument für: „Kunst, die sich in den Dienst einer Sache stellt, ist schlechte Kunst" geliefert werden. Es geht um das Stranden eines Stückes Treibgut aus der Hölle! – eins zu eins – vor einer monumentalen Kulisse, nicht nur der realen des ehemaligen Jesuitenkollegs,

**Abu-Ghureib 2003/2004 –
Friedrich von Spee 1631/1632**
Intervention im öffentlichen Raum
Paderborn, 30. Oktober – 29. November 2004
Stahl und Holz, 235,5 x 312 x 132,5 cm (Detail)

sondern des Gedankengebäudes von Menschenrecht, Völkerrecht, Kriegsrecht – vor Ort, konkret: der „Cautio criminalis" von Friedrich von Spee! Und doch ist es Kunst, ist es Skulptur, wenn auch nicht im traditionellen, konventionellen Sinne.

Natürlich liegt hier ein Unterschied vor zu meinen anderen Arbeiten, besonders wenn Du an die großen Stahlarbeiten denkst und auch daran, dass ich eine ausgesprochene Vorliebe dafür habe, meine Arbeiten selbst auszuführen, auch als Prozess des Entwickelns der Form. Andererseits ist es aber so, dass etwa bei den ortsbezogenen Arbeiten ja immer schon mindestens ein Bestandteil, nämlich der Ort, als ein vorgegebenes, „fertiges Stück" in die Arbeit einbezogen wird, und das ist dann auch, gewollt oder nicht gewollt, schon eine politische Aktivität.

M. H. Ich nehme an, Du denkst an Arbeiten wie die in der Kunsthalle Bielefeld oder im Museum am Ostwall in Dortmund, die Du ja übrigens auch als „Interventionen" bezeichnet hast und die, da sie aus der kritischen Auseinandersetzung mit der Museumsarchitektur entstanden sind, ja auch einen politischen Aspekt haben. So zumindest würde ich es sehen, aber Du sprichst von „politischer Aktivität", kannst Du das näher erläutern?

W. H. Ja, ich meine natürlich Arbeiten wie die in Bielefeld oder Dortmund, in denen unter anderem ganz ausdrücklich die Problematik „Kunstwerk und Museumsbau", also ein kulturpolitisches, ein gesellschaftliches

Thema aufgegriffen ist, aber ich meine auch andere, wie die in Langenfeld oder Heiligenhaus, ich will hier nicht alle aufzählen. Wenn sich, wie bei der äußerst kritischen Arbeit zur Museumsarchitektur von Philip Johnson in Bielefeld die Frage nach dem Umgang mit Kunst und deren Vereinnahmung und Zähmung durch Architektur stellt, so ist das eine gesellschaftliche und politische Auseinandersetzung, die aber schließlich durch die Arbeit – als Ergebnis konkreten Handelns – umgesetzt ist. Oder in Langenfeld, wo es mir darum ging, die Konsummeile mit einer Arbeit, die sich querstellt, aufzubrechen und eine völlig andere Qualität, einen Ort der Innerlichkeit, im reinen Kommerzbereich zu etablieren. Es bleibt ja nicht bei der abstrakten gedanklichen Auseinandersetzung, ich greife ein.

Ich sehe den Künstler immer auch politisch, weil er nicht auf Bestätigung aus ist, sondern auf Veränderung von Gesellschaft hinarbeitet, manchmal auch ganz unabsichtlich, einfach durch seine Kunst. Natürlich gibt es auch Künstler, die darauf aus sind, die bürgerliche Existenz zu schmücken – in früheren Zeiten ließen sich Adel oder Kirche durch Kunst schmücken – aber mit dieser Art Kunst, einer meist nur bequemen, bestätigenden Dekoration, die übrigens genauso gut im öffentlichen Stadtraum wie an der Wand hinter dem Sofa platziert wird, hat meine Arbeit nichts zu tun. Und schließlich gibt es das tatsächliche gesellschaftliche Eingreifen, zum Beispiel durch mein Engagement in der sogenannten Kunstkommission, die allein durch ihre Existenz und Vorschläge eine entlarvende Diskussion in realpolitischen Gremien auslöste und selbst nach ihrem Scheitern noch nachwirkt.

Hier bei dieser Arbeit, um auf die Ausgangsfrage zurückzukommen, ist es nun so, dass überhaupt keine Form von mir eigens erfunden ist, das ehemalige Jesuitenkolleg mit dem Spee-Hintergrund und die Isolierzelle mit dem Folter-Hintergrund von US-Truppen als Gesamtes aber etwas Neues entstehen lassen. Nicht die Einzelelemente „Zelle – öffentlicher Raum" sind neu, sondern das Ganze als Zusammenhang ist neu, ist Skulptur. Der Schock über das Versagen, ja, die Hinfälligkeit der Demokratie, die offenbar wird, wenn ein demokratischer Staat die Menschenrechte verachtet, einen völkerrechtswidrigen Krieg vom Zaun bricht, Folter als legitimes Mittel einsetzt, von „Kreuzzug", „Achse des Bösen" und „Schurkenstaaten" spricht, lässt mich nicht nur nach Luft ringen, sondern auch nach Formen. Ich wollte sehen, wie so ein Käfig 1:1 aussieht, wie er körperlich auf mich wirkt, und er musste in die Öffentlichkeit gestellt werden als Antidenkmal. Noch einmal zu der Frage nach den Formen selbst: Sie waren da, nur der Zusammenhang musste geschaffen werden. Das barocke Ensemble des Jesuitenkollegs – wiedererstanden aus Ruinen, nun herausgeputzt, als Kulisse für unterschiedlichste Events missbraucht – mit dem hier relevanten Hintergrund der Wirkungsstätte des Friedrich von Spee ist der Ort, der der Anklage, dem Protest, der Intervention gegen Folter Halt im Stadtraum gibt. (...)

Informationstext / **Flugblatt**

Seite 182:
Rückseite des Flugblatts

Abu-Ghureib / **Friedrich von Spee**
2003/2004 / **1631/1632**

Die ad–hoc–Intervention im öffentlichen Raum ist Protest gegen Folter.
Die Arbeit präsentiert eine Isolierzelle, wie sie U.S. Truppen für Abu-Ghureib-Häftlinge in Bagdad benutzen
– eins zu eins – am Entstehungsort der „cautio criminalis" (1631/1632) des Friedrich von Spee, auf dem
Gelände des ehemaligen Paderborner Jesuitenkollegs ab Samstag, den 30. Oktober 2004.
Nach der öffentlichen Demonstration wird die Arbeit von Wilfried Hagebölling in seinem Atelier gezeigt
werden und nach Vereinbarung zugänglich gemacht.
Kontaktadresse: Galerie Monika Hoffmann, Paderborn, Tel. 05251-25255, Fax 184940.

Folter in Afghanistan noch brutaler

■ Hamburg (dpa). In Afghanistan sind laut *ARD*-Politikmagazin „Kontraste" Folter und Demütigung von Gefangenen noch brutaler als im Irak. Ehemalige Gefangene schilderten erstmals dem deutschen Fernsehen die sexuellen Misshandlungen durch US-Soldaten. Missbrauch und Gewaltexzesse seien an der Tagesordnung. Unabhängige Menschenrechtsorganisationen bestätigten gegenüber „Kontraste" die Systematik der Misshandlungen.

NW 28.10.04

Neue Westfälische, 28. Okt. 2004

Josef Ratzinger (77), einflussreicher konservativer Kardinal, lässt unter bestimmten Umständen „maßvolle Gewaltanwendung" im Kampf gegen Terrorismus zu. „Er kann überall angreifen und unterscheidet nicht zwischen Kämpfern und Zivilbevölkerung, zwischen Schuldigen und Unschuldigen." Gewalt als alleiniges Mittel gegen den „neuen Weltkrieg" sei nicht ausreichend, absoluter Pazifismus aber überlasse die Welt der Macht der Gewalt. FOTO:DPA

Neue Westfälische, 27. Okt. 2004

Rumsfeld erlaubte Folter
ai: Pentagon-Chef genehmigte Folter von Gefangenen

LONDON afp ■ Kurz vor der US-Präsidentenwahl hat amnesty international (ai) die Kandidaten George Bush und John Kerry aufgefordert, sich öffentlich zum Engagement gegen Folter in US-Haft zu verpflichten. Ein gestern vorgelegter ai-Bericht belegt die Verstrickung der US-Regierung in den Skandal um Folterungen von Gefangenen im Irak, in Guantánamo und in Afghanistan. Der Bericht widerlegt die Behauptung, es habe sich um Einzelfälle gehandelt, und fordert vom neuen US-Präsidenten eine unabhängige Untersuchungskommission sowie Maßnahmen zur Verhinderung weiterer Folter und Misshandlung. Die deutsche ai-Chefin Barbara Lochbihler warf Pentagon-Chef Donald Rumsfeld erstmals wissentliche Duldung von Folter vor: Rumsfeld habe die Misshandlung von Gefangenen genehmigt.

TAZ 28.10.04

TAZ, 28. Okt. 2004

Abu-Ghureib 2003/2004 – Friedrich von Spee 1631/1632

Paderborn: Reaktionen auf die Intervention / Osnabrück: Reaktionen im Vorfeld der Aufstellung

I. Paderborn

Wilfried Hagebölling bezeichnet seine Arbeit ganz explizit als Anklage und Protest gegen Folter. Mit dem 1:1-Nachbau einer Isolierzelle „wie sie US-Truppen für Abu-Ghureib Häftlinge in Bagdad benutzen" hat er die konkrete Form für den Protest gefunden, mit dem von ihm gewählten Standort – er stellt sie öffentlich an dem Ort auf, an dem vor gut 370 Jahren der Jesuitenpater Friedrich von Spee in seiner Schrift „Cautio Criminalis" *seine* Anklage gegen Folter formuliert hat – verankert er das Kunstwerk als Protest nicht nur präzise in dieser Stadt, in Paderborn, sondern stellt es zugleich in einen größeren Zusammenhang: Folter früher und heute, im 21. Jahrhundert minder grausam und verabscheuungswürdig als zu Zeiten der Inquisition? / Folter weit entfernt, im Irak, in Afghanistan und anderswo, Diskussionen über Folter auch in Deutschland (ausgelöst durch den sog. „Fall Daschner") – Menschenrechte, Völkerrecht bedeutungslos? Hagebölling macht seinen Protest öffentlich, wie Friedrich von Spee, um aufzurütteln, um ein Bewusstsein für das Unrecht zu schaffen.

Um seine „Intervention im öffentlichen Raum" entzündet sich schnell ein zäher Streit mit den Behörden, aber auch die Presse und Bürger äußern sich zu Hageböllings Protestaktion. Hier die Vorgänge in Kürze:

Samstag, 30. Oktober 2004
W. H. stellt frühmorgens „in einer Nacht- und Nebelaktion" (NW, 6./7.11.) seine Arbeit auf dem Gelände des ehemaligen Jesuitenkollegs am Kamp – heute Vorplatz der Theologischen Fakultät und Schulhof des Gymnasium Theodorianum – im Zentrum der Stadt auf. Die Presse wird über die Aufstellung per Fax informiert, an der Zelle selbst ist ein Informationstext angebracht (s. Abb. S. 181/182), der als Flugblatt auch an Geschäften und in Kirchen ausgelegt und im Laufe des Tages vom Künstler an Passanten verteilt wird. Die Diskussion setzt unmittelbar ein.

An den beiden folgenden Tagen – Sonntag, 31.10., Reformationstag, Montag, 1.11., Allerheiligen – erfolgen noch keine „offiziellen" Stellungnahmen, in der NW erscheint am Montag ein erster Bericht.

Dienstag, 2. November 2004
Tag der Präsidentschaftswahl in Amerika.
Der Bürgermeister der Stadt Paderborn fordert W. H. per Postzustellungsurkunde, unterschrieben vom Kulturdezernenten und vorab als Fax zugesandt, auf, den „Gegenstand", der sich seit dem 30.10.04 auf dem städtischen Grundstück des Gymnasium Theodorianum befinde, unverzüglich zu entfernen.

Mittwoch, 3. November 2004
W. H. stellt an die Stadt den Antrag, die Aufstellung seines Kunstwerkes für die Dauer eines noch zu vereinbarenden Zeitraumes nachträglich zu genehmigen.

Die Direktorin des Gymnasiums, die den Künstler vormittags zu einem persönlichen Gespräch gebeten hatte – bei dem W. H. feststellt, dass der an der Arbeit gut befestigte Informationstext auf ihre Weisung entfernt wurde (!) – und anschließend zu einer Diskussion mit Schülern einlud, setzt dem Künstler noch am selben Tag schriftlich eine Frist: „..... Abschließend möchte ich Sie nun darum bitten, dafür Sorge zu tragen, dass der Schulhof (…) wieder seiner originären Nutzungsbestimmung überlassen werden kann (…)." In Absprache mit dem Bürgermeister, dem Schuldezernenten und dem Leiter des Schulverwaltungsamtes gehe sie davon aus, „dass das spätestens ab Montag, dem 08. November 2004 der Fall ist." (Brief vom 3.11.04 vorab als Fax)

Bis Montag „Käfig" entfernen. Widerstand des Theo gegen Protestaktion des Künstlers Hagebölling
Überschrift: Westfälisches Volksblatt, 5.11.04

Stadt will Zelle räumen. Wenn Wilfried Hagebölling gesetzte Frist ignoriert
Überschrift: Neue Westfälische, 6./7.11.04

„Für politische Kunst gibt es keine Genehmigung". Hagebölling nicht zum Abbau seines „Käfigs" bereit
… Der Käfig (…) hat nach Ansicht des Künstlers mittlerweile eine fruchtbare Diskussion über Folter und Menschenrechtsverletzungen in der Welt in Gang gesetzt. „Die Bürgerrechte werden mehr und mehr eingeschränkt, das ruft auf zum Widerstand" rechtfertigte Hagebölling am Freitag in einer kurzfristig vor Ort einberufenen Pressekonferenz seine Aktion. (…)
Nach Intervention von Stadt und Schulleitung gegen die unrechtmäßige Aufstellung des (…) Käfigs hat Hagebölling inzwischen einen Genehmigungsantrag (…) nachgereicht. „Darauf möchte ich zunächst eine Antwort haben", schloss der Künstler einen vorherigen Abbau aus.
Die Aktion im Vorfeld genehmigt zu bekommen, habe er selbst für aussichtslos erachtet, begründete Hagebölling noch einmal die formal illegale Vorgehensweise. (…)
Westfälisches Volksblatt, 6./7.11.04

Sonntag, 7. November 2004
W. H. teilt der Schulleiterin mit, dass er die ihm gesetzte Frist zum Abbau ignorieren werde, um die Anklage gegen Folter noch eine zeitlang in der Öffentlichkeit zu halten, und dass er, um einen vorzeitigen Abbau und Beschädigungen des Kunstwerks zu verhindern, ab null Uhr am 8.11.04 am Standort Wache halten werde. Den Brief trägt er persönlich noch am 7.11. aus.

Montag, 8. November 2004
W. H. schließt sich um null Uhr in der von ihm nachgebauten Zelle ein.

Vormittags erscheinen Vertreter der ebenfalls informierten Medien – von Presse, Rundfunk und Fernsehen – und überraschend der Kulturdezernent der Stadt Paderborn. Dieser bietet W. H. an, die Arbeit um nur wenige Meter vom Standort auf dem Schulhof versetzt auf dem Gehweg aufstellen zu können, wo sie auf öffentlicher Fläche stehe und für einen noch zu bestimmenden Zeitraum verbleiben könne. W. H. bittet darum, ihm dieses Angebot schriftlich zu unterbreiten.

Nachmittags erhält er die Antwort der Stadt auf seinen Genehmigungsantrag. Dieser wird abgelehnt mit der Begründung: „Nach der Allgemeinen Schulordnung des Landes NRW ist politische Einflussnahme in der Schule zugunsten oder zuungunsten gesellschaftlicher Gruppen oder Interessenverbände verboten, so dass Ihnen keine Erlaubnis im Nachhinein erteilt werden kann, Ihr Werk auf dem Schulgrundstück zu belassen." Zum Entfernen der Arbeit wird W. H. eine Frist bis zum 12.11.04 gesetzt, und es wird angekündigt, die Arbeit jetzt aus Sicherheitsgründen abzuriegeln. Hierauf wird das Angebot der Umsetzung wiederholt, verbunden mit der Aufforderung, einen entsprechenden Antrag an das Ordnungsamt zu stellen. Dieser Aufforderung kommt W. H. nach.

Dienstag, 9. November 2004
Die Arbeit ist großräumig mit Absperrgittern abgeriegelt. W. H. und die Stadt einigen sich auf den 29.11.04 als Abholtermin.

Bibbern für die Provokation. Wilfried Hagebölling harrte bitterkalte Stunden in seinem Käfig aus und stimmt Umsetzung zu.
Überschrift: Neue Westfälische, 9.11.04

Mittwoch, 10. November 2004
Die Erlaubnis zur Aufstellung der Arbeit auf dem öffentlichen Gehweg am Kamp im Rahmen einer Sondernutzung wird W. H. per Fax zugesandt.
Nachmittags setzt W. H. die Arbeit – die nun sogar, quer auf dem Bürgersteig, einen besseren Standort hat – um.

„**Mahnmal oder Provokation? Stadt schließt Käfig-Kompromiss**. Hageböllings Nachbildung einer Isolierzelle aus dem Irak kommt auf den Gehweg",
titelt das Westfälische Volksblatt und veröffentlicht im Bericht eine Befragung von Paderborner Bürgern:
Paul Schmandt (74), ehemaliger Theo-Abiturient (Anm.:1968–98 mit 2-jähriger Unterbrechung Vors. der CDU-Mittelstandsvereinigung) hält die Hageböllingsche Provokation für eine „Unverschämtheit und einen Schlag ins Gesicht unserer amerikanischen Freunde". (…) Schmandt verurteilte das „Weicheigetue von Schulleitung und Kulturdezernent" und forderte einen sofortigen Abbau des „Käfigs". Hagebölling gehe es nicht um Kunst, er suche mit seiner Aktion vielmehr die Konfrontation, um Aufsehen zu erregen, glaubt der Paderborner Rechtsanwalt Dieter Cramer. Wenngleich der Protest gegen Folter an sich nicht falsch sei.
Auch Theo-Schüler Gero Puls (…) wittert eher eine PR-Aktion denn ein wirkliches Bemühen um das Aufrütteln der Menschen in dieser Aktion: Es ist eine geschickte Werbung für Hagebölling. Das Theodorianum sollte gegen US-Folter im Irak, aber auch gegen die Selbstdarstellungstendenzen eines Künstlers klar Stellung beziehen." Lars Burshille begrüßt den Sinn der Aktion Hageböllings und die daraus entstandene Diskussion innerhalb und außerhalb der Schule. Den jetzt errichteten Zaun hält er jedoch für „Geldverschwendung und Quatsch".
Die Redaktion des WV möchte ihre Leser ausdrücklich ermuntern, ihre Meinung zu „Kunst oder Rechtsbruch" in Leserbriefen zum Ausdruck zu bringen. Westfälisches Volksblatt, 10. November 2004

Einige Überschriften von Leserbriefen:
Geschickte Selbstdarstellung, WV, 11.11.04
Es lebe die Dreistigkeit. Auto wäre bestimmt abgeschleppt worden
Grenzen für den Künstler. Recht und Gesetz müssen eingehalten werden
Hinter Kunst verschanzt. PR-Effekt mit wenig Geld gelungen
Alle drei: WV, 12.11.04
Mein Respekt, Herr Hagebölling!
Warum stößt die Kunstaktion in Paderborn auf so wenig Gegenliebe? Beide: NW, 12.11.04

Zum Schluss:
„… in den lokalen Zeitungen beginnt eine Auseinandersetzung über das Für und Wider der Aktion. Damit ist jene öffentliche Diskussion schon in Gang gesetzt, zu der Hagebölling mit seiner Aktion anstoßen will. Beim Tauziehen mit der Behörde gerät die politisch-ästhetische Intention gelegentlich in den Hintergrund, aber als der Käfig ein paar Tage später nach einer Einigung mit der Stadt vom Schulhof auf den Bürgersteig versetzt wird, stellt er sich den Passanten wie eine Sperre in den Weg: Sie werden konfrontiert und können diesen Hinweis auf Folter nicht ignorieren. Der zunächst rätselhafte Käfig präsentiert sich ihnen als aufrüttelnde Anklage und als Anfrage, ob die alltäglichen Nachrichten über Folter bereits wieder verdrängt sind."
Josef Meyer zu Schlochtern, Auszug aus: „Die Cautio Criminalis wieder-holen" (s. Bibl. S. 261).

Standort in Paderborn: vor dem ehemaligen Jesuitenkolleg am Kamp, heute Schulhof des Gymnasium Theodorianum

Standort in Osnabrück: vor der „Villa Schlikker", 1933-1945 NSDAP-Hauptquartier

II. Osnabrück
In Osnabrück sind die Voraussetzungen zur Aufstellung der „Abu-Ghureib"-Arbeit völlig anders als in Paderborn. Hier, fünf Jahre später, gibt es keine „Nacht- und Nebelaktion", nichts „Unrechtmäßiges", „Illegales".
Ein renommierter Kurator, Jan Hoet, lädt W. H. zu seiner Ausstellung „COLOSSAL. Kunst Fakt Fiktion" ein, die aus Anlass von „2000 Jahren Varusschlacht", stattfindet und aktuelle Kunst, die „mögliche Anknüpfungspunkte zu Phänomenen wie Krieg, Diktatur, Terror, Konfliktsituationen, Dualitäten, Identität oder Geschichte ganz einfach aufweist" (Jan Hoet im Ausst.-Kat.) an verschiedenen Orten im Osnabrücker Land, aber auch in der Stadt Osnabrück selbst zeigt.
Kurator und Künstler sind sich einig, dass diese Arbeit unbedingt in der Stadt, in Osnabrück, stehen muss, und Jan Hoet überlässt es dem Künstler, den geeigneten Standort für sein Werk zu finden. Nichts deutet auf etwaige Probleme oder Widerstände, – und doch kommt es auch in Osnabrück zum Eklat.

Ende Dezember 2008 besichtigt W. H. mögliche Standorte für die Arbeit in Osnabrück. Er favorisiert den Platz am Heger-Tor-Wall zwischen dem Kulturgeschichtlichen Museum, dem Felix-Nussbaum-Haus und der „Villa Schlikker", in der sich von 1933-1945 das Hauptquartier der NSDAP in Osnabrück befand und die heute zum Kulturgeschichtlichen Museum gehört, „wegen der Vergangenheit der Villa als Zentrale der örtlichen NSDAP und als Reaktion auf die israelische Operation ‚Gegossenes Blei' gegen die Palästinenser im Gazastreifen" (W.H., Interview von H.-P. Schönherr, Stadtblatt Osnabrück, 5/2009).

Der Landschaftsverband Osnabrücker Land e. V. (LVOSL) , in dessen Trägerschaft die Ausstellung steht, lässt prüfen, ob der ins Auge gefasste Standort zur Verfügung steht und teilt W. H. am

19.1.09 zu seiner Überraschung mit, dass die Aufstellung der Arbeit vor der Villa Schlikker von der Direktorin des Nussbaum-Hauses abgelehnt worden sei, die Kulturamtsleiterin der Stadt Osnabrück habe Verständnis für diese Entscheidung geäußert.

Trotz großen Unverständnisses für diese Ablehnung nimmt W. H. am 22.1.09 unverzüglich die erneute Standortsuche auf. Ein Ort an der Universität wird in Betracht gezogen, W. H. entscheidet sich jedoch für den Platz am Heger Tor, einem Kriegerdenkmal für die in der Schlacht bei Waterloo gefallenen Soldaten aus Osnabrück („…ich habe an eine Spiegelung auf die Varusschlacht gedacht.", W. H., Stadtblatt 5/09).

19.2.09: Der LVOSL teilt W. H. mit, die kulturpolitischen Sprecher aller Parteien begrüßten die Aufstellung der Arbeit vor dem Heger Tor und auch der Denkmalpfleger habe keine Einwände gehabt.

24.2.09: Der Verwaltungsausschuss der Stadt Osnabrück unter Vorsitz von Oberbürgermeister B. Pistorius lehnt in nichtöffentlicher Sitzung die Aufstellung der Arbeit im Stadtgebiet von Osnabrück ab. Jan Hoet benachrichtigt W. H. am 25.2.09 über diese Entscheidung und signalisiert Widerstand dagegen.

Kunstkäfig eckt bei Politikern mächtig an. Krach um „COLOSSAL!": Osnabrück lehnt Skulptur ab
(…) Der Verwaltungsausschuss des Stadtrates hat es in seiner letzten Sitzung abgelehnt, die Skulptur „Abu-Ghureib 2003/2004 – Friedrich von Spee 1631/1632" (…) im öffentlichen Raum Osnabrücks aufzustellen. „Das Objekt passt einfach nicht. Mit der exponierten Stelle hatten wir erhebliche Probleme", fasste Pistorius die Diskussion der Kommunalpolitiker zusammen. Zudem fehle die begleitende öffentliche Diskussion zu dem Projekt. Als Ort der Aufstellung war das Heger Tor als markanter Punkt der Osnabrücker Altstadt vorgesehen. Das als alternativer Standort vorgesehene Felix-Nussbaum-Haus kommt ebenfalls nicht in Betracht. (…)
NOZ Kultur, 27.2.09

Kommentar. Angst vor der Kunst?
Über den künstlerischen Rang von Wilfried Hageböllings Nachbau einer Haftzelle kann man trefflich streiten. Kaum streiten lässt sich dagegen über die Entscheidung des Osnabrücker Ratsausschusses gegen die Aufstellung der Arbeit. Dieses Votum ist an ängstlichem Kleinmut kaum zu überbieten. Noch vor dem Start eines Skulpturenprojektes, mit dem sich Stadt und Region überregional ins Gespräch bringen möchten, haben die Osnabrücker schon bewiesen, dass sie den offenen und damit unvermeidlich auch kontroversen Diskurs um Kunst offenbar nicht aushalten. Kunst sollte für das Stadtmarketing taugen, ansonsten aber nicht unangenehm nahe rücken – liegt da der Kern des Problems? Der fatale Eindruck drängt sich auf. Die Entscheidung gegen die Skulptur stärkt das Image des Künstlers, mit seinen Werken für Kontroversen sorgen zu können. Osnabrücks Ruf als Kulturstandort hat nun gelitten. Dies zählt deshalb doppelt, weil sich die Kommune als „Friedensstadt" so gern weltoffen und tolerant gibt. Eine Eisenplastik hat jedoch genügt, diese Reputation zu erschüttern. Kunst ist eben doch noch zu etwas gut. Sie zwingt zu aufschlussreichen Entscheidungen."
S. Lüddemann, NOZ Kultur, 27.2.09

Offizielle Presse-Information der Stadt Osnabrück am selben Tag (!):
Besser eine Diskussion ohne Kunstwerk als ein Kunstwerk ohne Diskussion – Verwaltungsausschuss gegen Hageböllings Skulptur „Abu-Ghureib" am Heger Tor
Unter dem Titel „Kunstkäfig eckt bei Politikern mächtig an. Krach um ‚Colossal!': Osnabrück lehnt Skulptur ab" hat die Neue Osnabrücker Zeitung am Freitag, 27. Februar, über eine Entscheidung des Verwaltungsausschusses berichtet. Der Verwaltungsvorstand hatte vorgeschlagen, auf die Aufstellung dieser (…) Skulptur (…) zu verzichten.

Als unpassend wurde der geplante Aufstellungsort neben dem Heger Tor empfunden, das bekanntlich an die in der Schlacht von Waterloo im Jahre 1815 gefallenen Osnabrücker mit den Worten erinnert „Den Osnabrückischen Kriegern, die bei Waterloo den 18. Juni 1815 deutschen Mut bewiesen, widmet dieses Denkmal G.F.v. Gülich D.R.D.R." Die Ablehnung des Ausschusses bezieht sich also ausschließlich auf den Ausstellungsort, ist aber keine grundsätzliche Ablehnung der Skulptur. Alternative Standorte können also durchaus noch geprüft werden. (…) Nicht „ängstlicher Kleinmut (…) ist das Motiv für die Absage gewesen, sondern ganz im Gegenteil: Mut zu einer Entscheidung, die nicht widerspruchslos bleiben würde. Aber besser eine Diskussion ohne Kunstwerk als ein Kunstwerk ohne Diskussion. Gerade weil den VA-Mitgliedern das Thema dieser Skulptur – die Verbrechen in dem Gefängnis von Abu Ghreib – nicht gleichgültig ist, haben sie sich gegen die Aufstellung des Objekts am Heger Tor entschieden. (…)

Mehrere, auch überregionale, Zeitungen berichten in der Folgezeit über die Vorgänge in Osnabrück.

18.3.09: Der Kulturausschuss, der zu dieser Sitzung auch Jan Hoet eingeladen hatte, beschließt nach ausgiebiger Diskussion einstimmig, dem Rat die Empfehlung auszusprechen, die Skulptur von W. H. am Heger Tor aufzustellen. In der Beschlussvorlage des Fachbereichs Kultur vom 19.3. heißt es: „Das Objekt des Künstlers Wilfried Hagebölling wird entsprechend der ersten Präferenz des Kurators vor dem Heger Tor aufgestellt."

„Wollen Sie für Zensur berühmt sein?" „Colossal!"-Projekt: Jan Hoet schäumt im Kulturausschuss – Rat soll Standort festlegen.
(…) Immerhin sei die Stadt Osnabrück auf ihn mit der Bitte zugekommen, sie als Standort des eigentlich im Osnabrücker Land platzierten Skulpturenprojektes zum Thema der Varusschlacht zu berücksichtigen, erinnerte Hoet an den Hintergrund der aktuellen Sachlage. (…)
NOZ, 20.3.09

24.3.09: Der Rat der Stadt Osnabrück lehnt die Aufstellung der Arbeit vor dem Heger Tor ab und lässt stattdessen darüber abstimmen, sie auf der Schlossterrasse aufzustellen. Dem Standort Schlossterrasse wird mehrheitlich zugestimmt. (Anm.: Die Universität hatte dem LVOSL bereits im Februar angeboten, die Arbeit auf der Schlossterrasse aufzustellen.)

26.3.09: Brief von Jan Hoet an die Ratsmitglieder, in dem er sein Unverständnis über ihre Entscheidung zum Ausdruck bringt, „Obwohl es ausdrücklich durch den Künstler und durch mich als der einzig mögliche Standort formuliert wurde, nachdem bereits der erste Standort vor dem Felix-Nussbaum-Haus neben der Villa Schlikker abgelehnt worden ist.", und sie darauf hinweist, dass es im übrigen nicht in ihren Kompetenzbereich falle, über die Schlossterrasse zu verfügen, da das Universitätsgelände nicht der Stadt Osnabrück gehöre.

27.3.09: Der Oberbürgermeister lädt Jan Hoet und W. H. zu einem persönlichen Gespräch ein, das am 6.4.09 stattfindet. Dieses Gespräch – in dem der OB so tut, als höre er zum ersten Mal vom abgelehnten Standort vor der Villa Schlikker (!), nachdem er W. H. zuvor diktatorisches Verhalten vorgeworfen hatte, weil er auf dem *einen* Standort „Heger Tor" beharre – endet damit, dass der OB sich jetzt für den „Standort Villa Schlikker" (der W. H.'s erste Wahl war) einsetzen will, eine definitive Zusage könne er erst nach Rücksprache mit den Fraktionen des Rates geben.

9.4.09: Das Büro des OB teilt W. H. mit, dass die Stadt mit dem Standort vor der Villa Schlikker einverstanden ist. Am 17.4.09 wird die Arbeit dort aufgestellt.

Blutzoll, 2005, 107 x 79 cm

Links, vorhergehende und
folgende Doppelseite:
Ohne Titel, 1971/2009
Stahl, Höhe 3 m

Die Skulptur wurde für die Ausstellung
„COLOSSAL. Kunst Fakt Fiktion MMIX"
im Frühjahr 2009 am Iburgshof
in Belm aufgestellt.

Manfred Schneckenburger

Meine Damen und Herren,
Stahl ist ein ehrliches Material. Es ist um so ehrlicher, je mehr Kohlenstoff er enthält und sich dem Eisen nähert. Sobald er sich durch Legierung zu rostfreiem Edelstahl aufpoliert, brilliert er und wird von trügerischen Reflexen überglänzt. Auch der Cor-ten-Stahl besitzt eine Monochromie, die Oberflächen samtig gleichmäßig schimmern lässt. Vermutlich hätte auch Hagebölling sich gelegentlich gern verführen lassen, Skulpturen mit dieser perfekten Epidermis zu produzieren – aber ich gestehe Ihnen, ich bin froh, dass er dieses edle Material meistens mied und dafür einfachen, langsam rostenden Stahl verwandte. Auch hier, im alten Steinbruch beim Hermannshof, finde ich das passender: ehrlicher, denn das Material ist ähnlichen Verwitterungsprozessen unterworfen wie die Schlucht rundum. Diese Plastik, an diesem Ort, verlangt nach keiner hochkarätig ästhetischen Außenhaut zum Augenstreicheln, wohl aber nach konstruktiver Entschiedenheit und vieldeutiger Räumlichkeit, nach Plattenwänden, die dem ganzen Körper entgegenstehen, den ganzen Körper umstehen, umschließen, ihn beengen und ihm Auslauf geben. Alles in allem: ein versatiles Programm von Laufwegen und Auswegen, Gängen und Passagen, Barrieren und Blockaden, mit einer komplexen Psychologie immer neuer Raumfragmente, die wir selber erzeugen und die tiefer und weiter greifen als die ausgewogene Proportionalität wohlgefügter, mit dem Stempel der Endgültigkeit versehener Gebilde.

Gewiss haben diese neuen, schwenkbaren Skulpturen viel mit den älteren, unverrückbar gefügten, feststehenden Stahlgehäusen Hageböllings zu tun. Vielen von Ihnen sind sie bekannt. Sie besitzen eine mehrteilig verkantete Außenform, die man, wie jedes dreidimensionale Objekt, umrunden kann – aber sie wollen auch betreten und begangen, durchquert und durchstanden sein. Sie basieren auf rechteckigen und dynamisch geschrägten Stahlplatten, die mit trapez- oder dreieckförmigen Umrissen ineinander fugen, vorstoßen, eine angespannte Außenansicht ergeben. Ihr Inneres ist nicht weniger intensiv durchgebildet: Steile Raumfragmente verschachteln sich mit geduckten, verschmälern sich von oben nach unten, von vorne nach hinten – oder umgekehrt. Richtungen biegen ab und um. Selbst der Boden ist nicht nur eine Ebene zum Gehen, sondern ein wichtiger Bestandteil des stählernen Mantels, der uns umfängt. Eine Balance zwischen Skulptur und Architektur, in der die plastische Formulierung ihre volle Tragkraft bewahrt.

Die Beziehungen zur Architektur wurden oft erkannt. Aber – und jetzt nähere ich mich mit Riesenschritten dem Hermannshof – wesentlich bleibt, dass jede Plastik sich gleichermaßen als rhythmisch entfalteter Außenbau wie als komprimierter Innenraum darstellt. Beide Wahrnehmungswege sind äquivalent. Entscheidender ist bei all dem nicht nur das Raumempfinden, sondern vor allem auch das Körpergefühl. Genau so wichtig, wie das, was man mit dem Auge sieht, ist das, was man am eigenen Leib erfährt. Der Betrachter wird zum Akteur, den Wände regelrecht bedrängen, bedrücken, um sich dann wieder begehbar zu weiten. Ein Vierteljahrhundert hat Hagebölling diese Bunkergänge und -rampen, diese konstruktiv verwinkelten stählernen Höhlen unbeweglich fixiert. Am Rande: Leider lernte ich seine stressbewehrten Stahlverliese zu spät kennen, um ihn 1977 zur documenta 6 einzuladen. Unter den Stahlbildnern, die Räume ambivalent aufladen, hätte er eine maßgebliche

Collage zum Standort Hermannshof

Bewegung und Aktivierung des Betrachters waren für mich Anfang der 70er Jahre ein wichtiges Thema in meiner Arbeit. Hier entstanden eine Reihe von Modellen, die diese Auseinandersetzung dokumentieren.

Zu der Zeit ist es mir nicht möglich gewesen, diese Überlegungen in den geplanten lebensgroßen Maßstab umzusetzen: Entweder fehlte ein geeignetes Grundstück, oder das Geld, oder eine Institution, die zur Realisierung bereit gewesen wäre – und hier fehlte es nicht nur an Verständnis, sondern auch an Mut – oder alles zusammen. Gleichwohl wurden die Modelle immer in Ausstellungen gezeigt.

Es war ein Glücksfall, dass Jan Hoet sich 2008 genau solch eine Arbeit für seine „Colossal"-Ausstellung aussuchte, und dass sich jetzt nach so langer Zeit noch weitere Möglichkeiten zu späteren Realisationen fanden.   W. H. (2011)

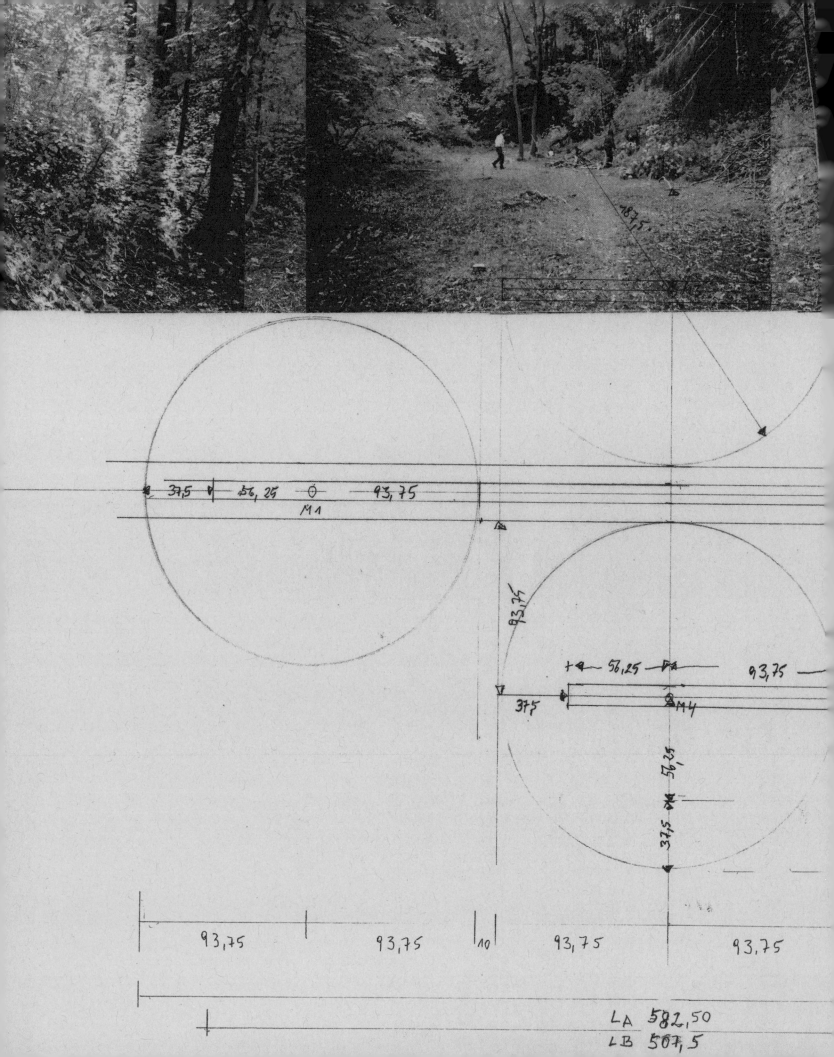

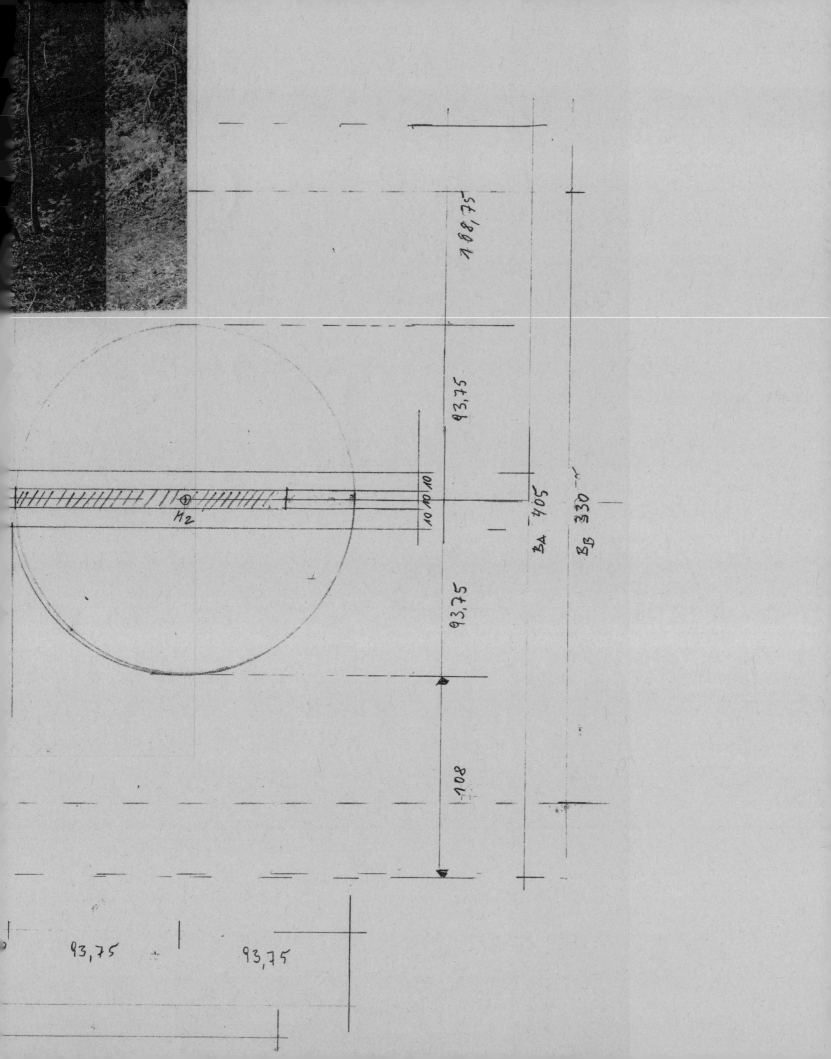

Arbeitsfoto, Hermannshof, 2010

Rolle spielen können. Noch heute hängt mir das als schwer verständliches Versäumnis nach.

Dabei wusste damals eigentlich noch niemand, dass Hagebölling wenige Jahre zuvor mit einem „Weitsprung", wie der deutsch-englische Kritiker John Anthony Thwaites früh erkannte, der Zeit vorausgeeilt war. Schon 1971, nach seinem Studium bei dem bedeutenden dänischen Bildhauer Robert Jacobsen an der Münchner Akademie, hatte er nämlich Ideen für eine Reihe beweglicher Skulpturen konzipiert. Nicht, dass Bewegung in der Plastik Anfang der 70er Jahre des vorigen Jahrhunderts eine Erfindung von Hagebölling gewesen wäre! Im Gegenteil, „le mouvement" war von Paris über Düsseldorf bis Moskau ein fast schon zur Ruhe gekommener Trend – doch der junge Hagebölling gab der müde gewordenen Kinetik um die Pariser Galerie Denise René einen ganz eigenen Schub: ein strenges Raumthema, das sich mit hochaktuellen Aspekten einer psychophysischen Skulptur verband. Doch erst 2009, zum 2000. Jahrestag der Varusschlacht, als Jan Hoet Beiträge für seine Ausstellung „Colossal" zusammensuchte, zog der Paderborner seine 40 Jahre lang gehegten Pläne aus der Schublade hervor. Die „Colossal"-Version wurde beim großbäuerlichen Iburgshof neben mächtigen Eichen errichtet: Vier Platten standen sich, eine große und drei kleinere, gegenüber und ließen sich in alle Richtungen drehen. Sie konnten einen umschlossenen Raum, eine Kammer, bilden, aber auch gangförmig zueinander stehen, oder, als Folge spaltartiger Durchblicke, Landschaftssegmente, schmalhohe Teilansichten von Äckern, Bäumen, Fachwerk aus der Umgebung herausschneiden. Auf diese Weise wurde die Landschaft zergliedert, umgruppiert, in einen neuen Rhythmus versetzt. Sie erkennen: das gleiche Prinzip wie beim Hermannshof. Aber NUR das PRINZIP:

Denn das Arrangement ändert sich. Das beginnt mit der Größe der Platten. Für „Colossal" besaß EINE Platte die gleiche Größe wie alle drei anderen zusammen. Große Platte ca. 4,50 m und kleine Platten jeweils 1,50 m standen sich in der Ausgangsstellung wie in Linie angetretene Soldaten gegenüber. Stattdessen sind beim Hermannshof ALLE vier Platten mit 1,5 m Seitenlänge gleich groß. Die Drehachse liegt nicht mittig (wie in der ersten Version), sondern die Platten sind exzentrisch aufgehängt und werden durch die Drehachse im Verhältnis 90:60 geteilt. Jeder Schwenk kann die Gesamtausdehnung vergrößern oder verringern, im Extrem von ca. 5,80 m auf ca. 5 m. Das wirkt sich auf sämtliche Proportionen aus und schafft gleitende Richtungen, Anschlüsse, Freiräume, dazu andere Maße in Ausladung wie Anbindung, andere Überschneidungen und Segmente. Eine fast unbegrenzte Flexibilität räumlicher Kombinationen!

Die augenfälligste Abweichung bringt jedoch der Standort. Statt dem weitläufigen Gehöft der Eingang zu einer Schlucht, die früher ein Steinbruch war! (…)

Die Plastik mit ihren Kontraktionen und Expansionen wirkt wie eine Antwort auf Steinbruch und Schlucht. Hohlwege waren ja schon lange eine Reminiszens von Hageböllings „Raumschneisen". Ob man die Skulptur als Sperre oder Weglenkung schwenkt, ob sie den Weg verlegt oder öffnet, ob sie, aus der Distanz, als konstruktives Gefüge GESEHEN oder von Innen als beklemmende Raum- und Körpererfahrung ERLEBT wird – die 3 m hohen Wände wirken wie ragende Banner oder rücken dem Akteur auf den Leib, treten ihm zu nahe oder, wie Hagebölling es formuliert: „Alles ist Nähe". Sobald wir uns darauf einlassen, SIE UNS einlassen, fordern sie unser Körpergefühl heraus.

Ich schweife nur scheinbar ab, wenn ich einen kulturkritischen Horizont aufblende, vor dem diese Skulptur und andere stehen. Ein Schlagwort der Stunde heißt: Körperverlust. Verliert unsere Welt sich zunehmend in Abstraktionen und Simulationen, bei denen ein Knopfdruck das Hantieren mit dem Werkzeug ersetzt? Entzieht die konkrete Wirklichkeit sich unserer SINNLICHEN Erfahrung nicht immer weiter ins Geflimmer der Monitoren und Computerbilder? Löst Realität sich in an- und abschaltbaren digitalen Bildwelten auf? Eine ANDERE Realität mit eigenen Vernetzungen zum Schein. Hier versucht Kunst es entweder mit Umarmungstaktiken – oder sie leistet Widerstand. Seit den 60er Jahren hat sie sich immer wieder aus Körperbeziehungen regeneriert. In einer Diskussion, die der Deutsche Künstlerbund 1971 – die Skulptur Hageböllings fand eben ins Modell – in einer Diskussion also, die der Deutsche Künstlerbund über den „Verlust des bildnerischen Sehens" führte, reklamierte der Architekt Werner Ruhnau den Verlust des „bildnerischen Gehens". Wäre es eine allzu große Vereinfachung, breite Entwicklungen der jüngeren Plastik als eine Anleitung zum „bildnerischen Gehen" zu betrachten? Hageböllings Passagen und Stollen sind ein wichtiger Beitrag, um Wahrnehmung wieder an Körper und Motorik festzumachen statt am bloßen Augenschein. Gehen Sie also herum, gehen sie hinein! Und erfahren sie sich dabei selbst! (2010)

Rechts und folgende Doppelseite:
Ohne Titel, 1971/2010
Stahl, Höhe 3 m,
im alten Steinbruch am Hermannshof,
Hermannshof e.V., Springe-Völksen

Zwischen ICH und DA

Jan Hoet

Wie die Vertreter der Minimal Art schafft Wilfried Hagebölling mit seiner Arbeit eine dialektische Beziehung zwischen der Autonomie der Skulptur und dem Kontext ihres Standorts. Auf diese Weise entsteht ein räumliches Dreiecksverhältnis zwischen Skulptur, Umgebung und Betrachter, innerhalb dessen Bedeutung entstehen kann. Seine Arbeiten fügen dem Raum jeweils etwas hinzu, wodurch nicht nur dieser Raum neu definiert wird, sondern der Betrachter zugleich eine unmittelbare Beziehung zur Skulptur eingehen kann. Damit bleibt Hagebölling der modernen Kernaussage von der ästhetischen Autonomie treu, knüpft jedoch zugleich an die postmoderne Entwicklung an, in der das Kunstwerk eher als Installation betrachtet wird, die ihre Bedeutung vor allem einem spezifischen Kontext entnimmt. Hierdurch wird der Betrachter unmittelbar in die Skulptur und ihren mentalen Umraum einbezogen. Es ist das subtile Zusammenspiel dieser beiden Elemente, das Hageböllings Arbeit konzentriert, transparent und dadurch aktuell macht.

Auffallend ist zudem, wie es Wilfried Hagebölling in all seinen Skulpturen gelingt, ein ausbalanciertes Spannungsfeld zwischen Skulptur und Architektur zu schaffen, wobei sich seine Arbeiten in ihrer Eigenständigkeit sozusagen mit der Architektur identifizieren und gleichzeitig mit dem real existierenden Umfeld, das er neu definiert, in einen mentalen Dialog treten.

Es ist, als ob seine abstrakten, nahezu architekturalen Volumina den physischen Raum brechen, ihn subtil zersetzen, und doch auf beinahe symbiotische Art und Weise in ihm aufgehen. Er schafft eine Mehrdeutigkeit im realen und mentalen Raum, wodurch dieser Widerstand bietet, seine Selbstverständlichkeit verliert und den Betrachter dazu bringt, die Umgebung immer wieder neu zu entdecken. Eine solche Symbiose oder ein solcher Dialog mit der Umgebung erwächst aus einer grenzüberschreitenden Haltung gegenüber der früheren eher nominalistischen Situation, der – um Adorno zu paraphrasieren – die Idee von Skulptur als eigenständigem, einzigartigem Objekt zugrunde gelegen hat. Wilfried Hagebölling kombiniert hier eine experimentelle Situation in Bezug auf den öffentlichen Raum mit einer körperlichen Erfahrung, und zwar zusammen mit dem Betrachter, der sich sowohl in einem gewissen Abstand zur Skulptur als auch in ihr bewegen kann, und das sogar, um die Arbeit zu verändern.

Der Künstler von heute erkundet zunehmend, von diesem Grenzüberschreitenden ausgehend, immer neue, intermediale Bereiche. Gleichzeitig überträgt er dem Betrachter eine überaus aktive und damit letztlich konstitutive Rolle. Mit anderen Worten: Die ästhetische, erfahrungsorientierte Praxis jedes Betrachters wird in jeder Arbeit reflektiert. Jede skulpturale Intervention Wilfried Hageböllings rückt die Problematik der Ontologie von Subjekt und Objekt in den Blick.

Die Arbeit für die diesjährige Ausstellung verdeutlicht Hageböllings Ansatz, Skulptur als selbstreferentiell und gleichzeitig als perspektivistisches Modell zu begreifen, das im Stadtbild einen neuen Akzent setzt (Abb. S. 213) Autonom und auf sich selbst verweisend durch ihre dreidimensionale Gestalt – ein einfacher geometrischer Träger aus Stahl als Außenform, kombiniert mit einer sich axial bewegenden Stahlwand im Inneren – die, im Widerspruch dazu, unseren Blick in die Tiefe zieht und die Umgebung abtasten lässt. Auch hier haben wir es mit einer Ambivalenz von Innen und Außen, von autonom und in situ zu tun.

Die gleiche Wirkung von Innen und Außen zeigt auch die Arbeit, die Hagebölling 2009 für die Ausstellung „Colossal" im Osnabrücker Land anlässlich „2000 Jahre Varusschlacht" realisierte (Abb. S. 188-193). Diese Skulptur geht auf einen Entwurf von 1971 zurück, den der Künstler nun erstmals im geplanten Maßstab umsetzen konnte. Sie besteht aus vier aufragenden Wänden, die jeweils auf einer beweglichen Achse drehbar und dadurch konvertibel sind.

Auch hier ist der Betrachter aufgefordert, entweder vor die Skulptur oder in sie hinein zu treten. Die Skulptur fungiert hier als eine Art Bühne, die dem Betrachter eine Doppelrolle zuweist: die des Betrachters und die des Akteurs, je nachdem, für welche Annäherungsweise er sich entscheidet. Er kann sowohl auf Distanz bleiben als auch eingreifen und so Veränderungen in der äußeren Erscheinung der Skulptur schaffen. Es ist, als ob sie die Landschaft auf wechselnde Weise durchschneidet und uns immer neue Perspektiven der Umgebung zeigt. Zugleich akzentuiert sie das subtile und ambivalente Verhältnis des Künstlers gegenüber der Dialektik von Kultur und Natur.

So wie der Bauernhof mit seinem Fachwerkbau, die Äcker und die Ländereien mit ihren funktional angelegten Strukturen und die Bäume mit ihrer Vertikalität ein perfektes Gleichgewicht zwischen Kultur und Natur darstellen, symbolisiert die Skulptur analog zur Natur die wechselnden Veränderungen durch Wachstum und kulturelle Eingriffe und Manipulationen. Es ist wunderbar zu sehen, wie es dem Künstler gelingt, zwischen der Skulptur und ihrem Umfeld eine Harmonie und Symbiose zu schaffen und darüber hinaus auch zum Thema 2000 Jahre Varusschlacht. Dies ist übrigens auch eine Interpretation Manfred Schneckenburgers, der die vier aufragenden Stahlwände mit Masse und Dynamik der Truppen verbindet und bei den Schwenks den Kampf mit seinen Richtungswechseln, Durchbrüchen und Widerständen imaginiert.

Natürlich geht es dem Künstler vor allem um die plastische Qualität. Doch auch für uns ist dieses „Monument" primär als Kunstwerk zu sehen. Es geht vor allem darum, wie sich dieses „Bauwerk" von allen anderen menschlichen Aktivitäten wie Architektur, Design, ja selbst normalen grafischen Tätigkeiten unterscheidet und daneben auch von allen anderen Formen menschlicher Wahrnehmung, vorausgesetzt, wir vermuten in dem Kunstwerk von Hagebölling einen Sinn und fragen uns, wie es, als eigentümliche Natur, zu verstehen sei. In Wilfried Hageböllings Werk sind diese Qualitäten unverkennbar: Seine Skulpturen sind Abstrahierungen von allem, was wir in ihrem Umfeld wahrnehmen oder vermuten. Darüber hinaus beinhalten seine Arbeiten die metaphysischen Komponenten

Arbeitsfoto, Atelier W. H. 2011

Folgende Doppelseite:
Skizze mit Collage zur Skulptur 1974/2010

7,45m

30 (60)

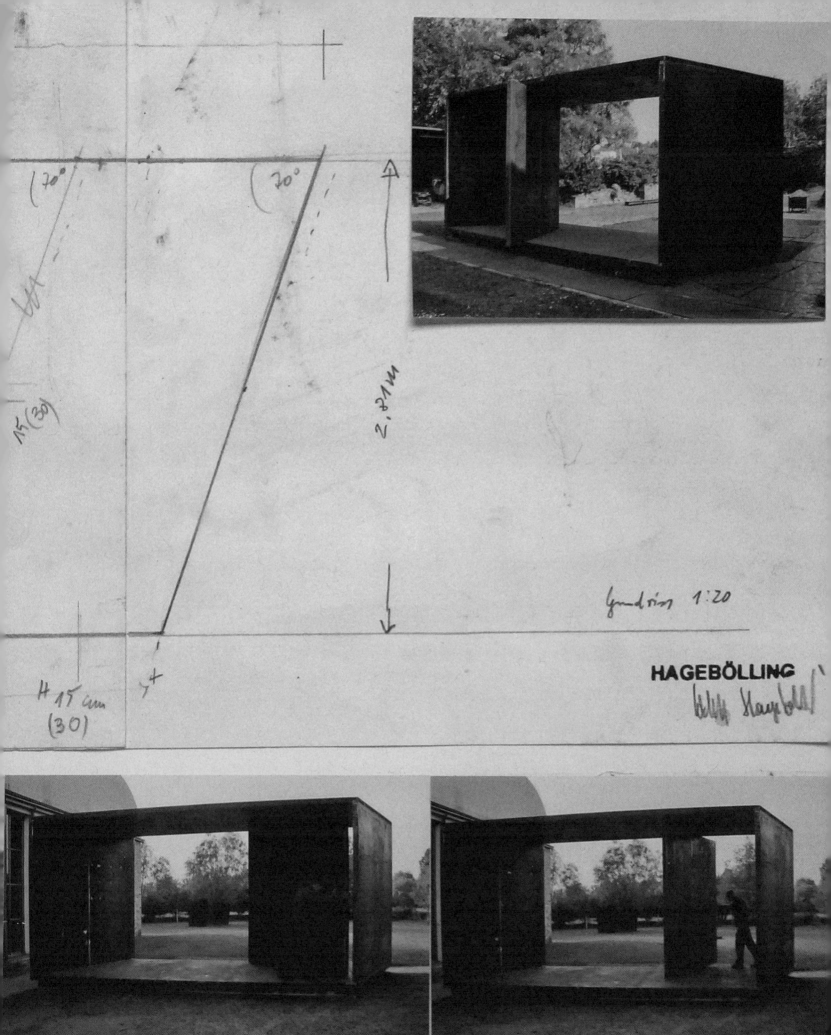

Präsentation der Skulptur vor der Städtischen Galerie Am Abdinghof, Paderborn, am 9.6.2011

Die ca. 3 m hohe Skulptur ist über einem Parallelogramm von ca. 6 m x 3 m Seitenlängen mit zwei diagonal sich gegenüberliegenden spitzen Winkeln von 70° entwickelt, in der sich eine Platte von ca. 3 x 3 m exzentrisch drehen lässt. Die Lagerpunkte sind weder in der Plattenmitte noch in der Mitte des Parallelogramms. Bei Drehung durch den Betrachter schwenkt die Platte exzentrisch mit zwei unterschiedlichen Geschwindigkeiten aus. Sie kann sich zur Bühne öffnen oder zur Kammer schließen. Es entsteht ein Belvedere / ein Fenster / eine Tür oder es schließt sich die Kammer wie eine Blende zum Sehschlitz. Das Innere kann als Plattform den Betrachter seine Präsenz spüren lassen oder ihn „beiseite schieben" und beengen. Durch die Beweglichkeit kommt die physische Körperwahrnehmung ins Spiel, Enge und Weite werden spürbar, Nähe rückt hautnah heran, oder die Engstellung weitet sich durch Drehung zum Panoramablick in die Ferne. Die Innenwahrnehmung und die Außenwahrnehmung fallen extrem auseinander. W. H. (2011)

von Erinnerung und Phantasie – Erinnerung an alles, was mit unserem kunsthistorischen Wissen von Skulptur zu tun hat, und Phantasie im Hinblick auf das, was der Künstler dem hinzufügt.

Ein weiteres prägnantes Beispiel ist Hageböllings zweite Skulptur für die Ausstellung „Colossal", für die er auf eine bereits existierende Arbeit von 2004, „Abu-Ghureib 2003/2004 Friedrich von Spee 1631/1632", zurückgegriffen hat (Abb. S. 178). Auch hier geht es um eine Intervention im öffentlichen Raum. Die seinerzeit in Paderborn aufgestellte Skulptur, die damals erheblichen Protest auslöste, wird nun in Osnabrück erneut gezeigt. Es handelt sich um den Nachbau einer Isolierzelle, wie die US-Truppen sie für die Abu-Ghureib-Häftlinge in Bagdad benutzten. Für den Künstler ist diese Arbeit Norbert Nobis zufolge „ein Symbol, ein Zeichen der Erinnerung und des Nachdenkens" und funktioniert wie „ein Brennglas, das uns hilft, die Dinge deutlicher zu sehen." Hier erst erkennt man, wie viel eindringlicher als Pressefotos eine solche skulpturale Inszenierung im öffentlichen Raum die Realität von Folter und öffentlicher Gefangennahme offenbart. Eigentlich könnte man diese Skulptur auch als Reflexion auf Duchamps ready-made-Konzept sehen: durch die Art und Weise, wie der Künstler sie sowohl aus ihrer eigentlichen Funktion als auch aus ihrem Kontext reißt und statt dessen in einen demokratischen Kulturzusammenhang setzt und als kritischen Kommentar selbständig die kritische Funktion verkörpern lässt.

Auch bei dieser Skulptur Hageböllings geht unser Gedächtnis ans Werk, weil sie uns Phänomene bewusst macht, die wir gerne verdrängen und vergessen, Fragmente unserer westlichen Zivilisation, die uns eine Lektion erteilen, worauf wir unsere Zukunft aufbauen. Denn Hagebölling ist ein Künstler, der seine Skulpturen baut, und zwar im Sinne Heideggers, der dafür auf die etymologische Bedeutung des Wortes „Bauen" zurückgreift, das von „buan" abstammt, was „Sein" bedeutet und somit Identität einschließt, was Wilfried Hagebölling für sich mit einem konsequent durchgeführten Oeuvre realisiert hat, das sich immer weiter zu einer einladenden skulpturalen Inszenierung entwickelt. Sein Werk lädt ein, betrachtet zu werden, mit den Augen ertastet zu werden, und selbst physisch an seiner Erschaffung teilzuhaben. Skulptur als subtile Hinzufügung zu unserem Universum, als Verschiebung innerhalb unseres Umfelds, die uns betrachtend, denkend und handelnd Möglichkeiten und Zweifel bewusst macht und uns mit dem Paradoxon von Realität und Vorstellung konfrontiert.

Man kann sich natürlich die Frage stellen, ob Kunst im öffentlichen Raum und damit auch die Beteiligung des Publikums in einer Gesellschaft, die keinen unmittelbaren Blick für gemeinschaftliche Werte hat, überhaupt noch einen Sinn haben, – im Wissen und aus unserer Erfahrung heraus, dass Kunst und Demokratie sich im Allgemeinen nur schlecht vertragen. Wilfried Hagebölling ist ein gutes Beispiel dafür, wie die Öffentlichkeit und selbst die Politik auf skulpturale Interventionen reagieren. So kam es in der Stadt Minden zu Prozessen und in Paderborn bei seiner „Abu-Ghureib"-Arbeit zu Zensur, so dass er sich gezwungen sah, sich selbst als Gefangener in die Zelle einzuschließen. Man vergisst jedoch allzu häufig, dass es die Aufgabe des Künstlers ist, über seine Arbeit eine stimulierende Rolle in der Gesellschaft zu spielen, und zwar sowohl als Formgeber wie auch als Sinnstifter. Das tut er nicht zuletzt durch die Wahl seines Materials: bei Hagebölling anfangs Beton, Stein oder Gips – die typischen Werkstoffe des klassischen Bildhauers –, dann jedoch vor allem Stahl, als perfektes Scharnier zwischen Betrachter und direktem Umfeld. Aus der Schwere des verwendeten Materials resultiert letztlich eine anrührende Leichtigkeit und Selbstverständlichkeit. So erkennen wir, dass der Künstler zugleich auch die historischen, ökologischen und soziologischen Aspekte seiner Umgebung im Blick hat. Wie die Philosophie und viele andere Geisteswissenschaften ist Hageböllings Kunst eine Disziplin, die neue Bedeutungen in unserem Umfeld formuliert, überprüft und präsentiert, und zwar gegenüber einer zunehmenden Sinnleere dieser Zeit, die ihre Kompensationen vor allem in Konsum, Unterhaltung, Sport, Tourismus und Life-Style-Strategien sucht.

Nach dem Studium an der Münchener Akademie der Künste bei keinem geringeren als Robert Jacobsen begründete Wilfried Hagebölling seine Existenz als Bildhauer. Dabei unterschied er sich mit seinen asymmetrischen Konstruktionen, der Betonung einer eher dynamischen Wirkung und einer größeren Dramatik durch einen intensiven Dialog mit dem Standort schon bald von der damaligen Minimal Art mit ihrer Axialsymmetrie. Während seine früheren Arbeiten aus den 1970er Jahren sich eher auf die Wand oder direkt auf den Boden bezogen, entwickelten sie sich nun zunehmend in Richtung „architektonische Skulptur" als Kastenkeile, Kreuz- und Spiralkonstruktionen.

Ich erinnere mich noch lebhaft an den trüben Wintertag, an dem ich das von ihm in der Senne bei Paderborn angelegte Areal besuchte, wo einige dieser monumentalen Skulpturen wie kalte und verrostete Stahlwände aus dem nassen und buckeligen Gras aufragten in dieser verlassenen Landschaft an der Autobahnausfahrt, und dass man sie über ihre Durchgänge und Tunnel auch von innen betasten und erleben konnte.

Sie hinterließen durch ihre kokonartige, plastische Erscheinung, durch ihre Isoliertheit und den gewählten Standort einen überraschenden und bleibenden Eindruck. Das Ganze hatte nichts von einer Postkartenidylle, es erinnerte mich mehr an die landschaftlichen Orte, von denen sich die Barbizon-Maler wie Corot, Daubigny und andere inspirieren ließen und so dem städtischen Akademismus und dem institutionellen oder musealen Kontext entfliehen konnten. Doch statt Romantik bekommen wir in Hageböllings Skulpturen die Dramatik und die Fatalität der Isolation zu spüren, in der der Künstler sich heute befindet, – und dennoch die Notwendigkeit sieht zu Dialog und Kommunikation. (2011)

Ohne Titel, 1974/2011, Stahl, Höhe 3,20 m, vor der Städtischen Galerie Am Abdinghof, Paderborn

Ohne Titel, 1974/2011

Zeichnungen

Standbein – Spielbein

Betrachtungen zu Zeichnungen von Wilfried Hagebölling (die danach keine mehr sind)

Friedrich Meschede

Die Zeichnungen Wilfried Hageböllings sind zweifellos Werke eines Bildhauers. Dieser Eindruck stellt sich unmittelbar ein, weil die Materialität, die in ihnen uns vor Augen tritt, kaum eine andere Wahrnehmung zulässt. In früheren Katalogtexten von Thomas Köllhofer und Gerhard Kolberg ist auf die Machart der Zeichnungen ausführlich hingewiesen worden: „Bewusst unterscheidet Hagebölling Zeichnungen, die er auf horizontal auf dem Atelierboden ausgelegten Papieren mit seinen schreitenden Füßen zeichnet, und solchen, die auf vertikal an der Wand befestigten Papier- oder Leinwandbahnen mittels seiner Hände Gestik entstehen."[1] Indem Hagebölling bei seinen Zeichnungen mit seinen Füßen oder farbgetränkten Schuhen das Material „auftritt" oder es ganz gestisch mit der Handfläche auf die Leinwand reibt, wird die körperliche Arbeit am Werk zugleich auch Ausdruck des Bildhauerischen. Bildhauer arbeiten körperlich, und in diesen Kräften wird der Handlungsspielraum des Körpers in der Auseinandersetzung mit einer Skulptur erarbeitet. So sind auch die Formate der Zeichnungen, wie Köllhofer dargelegt hat, am Körpermaß des Bildhauers Hagebölling orientiert und enthalten trotz der abstrakten geometrischen Formensprache doch immer dieses den Formen eingeschriebene Maß des Menschen. „Bei Hagebölling ist es wirklich der Körper des Künstlers, der die Maße und Formen bestimmt".[2]

Die immer erkennbaren Spuren des gestischen Farbauftrags verweisen zudem auf diese Bezugsperson hinter der Form. Die deutlichen Abdrücke der Hand können auch als eine permanent und überall im Bild angelegte Signatur verstanden werden. Eine solche Lesbarkeit von Spuren eröffnet darüber hinaus eine weitere Perspektive.

Erinnerungswerke

Diese Ausdrucksweise des Gestischen verleiht den Zeichnungen Hageböllings einen ihnen eigenen Zeitaspekt. Man darf diese Zeichnungen auch als bildnerische Dokumente eines Prozesses lesen, die insbesondere im Falle jener Werke, die Hagebölling auf dem Boden liegend bearbeitet, als Zeugnisse einer Performance zu erkennen sind. Jede Zeichnung geht aus einer Aktion hervor. Sie gibt uns darin Momente zu erkennen, bei denen der Betrachter offensichtlich nicht anwesend war. Ein wilder Tanz des Bildhauers auf dem Papier, von dem jetzt die Spuren zeugen, wie die Spuren am Tatort einer Kriminalgeschichte. Das ist es, womit Wilfried Hagebölling hier spielt. Er belässt für uns seine Spuren seines künstlerischen Tuns so überdeutlich sichtbar als nicht auszuweichenden Motiven der Bilder, dass diese Zeichnungen eigentlich von einer Geschichte erzählen, von dem Geschehen zu einer Zeit, als dies alles auf dem

Ohne Titel, 1997
Mischtechnik auf Bütten, 212 x 156 cm
Städtische Galerie Am Abdinghof, Paderborn

[1] Kolberg, in: Kat. „Wilfried Hagebölling. eins zu eins", Kunsthalle Mannheim 2002, S. 13

[2] Köllhofer, in: op. zit., S. 9

Papier oder der Leinwand sich zutrug. Wenn man sich in diese Binnenstruktur der Zeichnungen Hageböllings einliest, entstehen vor dem inneren Auge Rekonstruktionen dieses Prozesses, wie alles entstanden ist, wie die Farbe malträtiert wurde, wie hier, ohne Zuschauer, irgendwo in einem verschlossenen Atelierraum der Kampf Jakobs mit dem Engel durchgefochten wurde.

Prozesswerke

In dieser Lesart treten dann allerdings die geometrischen Formen in ihrer abstrakten Bedeutung zurück. Kreis und Quadrat sind nicht mehr so sehr als minimalistisches Formvokabular zu begreifen. Sie geben sich vielmehr als sich zwingend ergebende Umrisse eines in der Aktion begründeten Aktionsradius zu erkennen. So weit reichte der Arm, der immer wieder ausfuhr, um diese Farbe zu verteilen, so weit reichte der Fuß, um nicht aus der Balance zu kommen und hinzufallen. Wenn man bereit ist, diesem Verständnis von Zeichnung als Zeugnis einer Performance zu folgen, dann erscheinen die Zeichnungen von Wilfried Hagebölling plötzlich als Widerspruch, zumindest als ein Gegensatz zu seinen Stahlskulpturen. Der Bildhauer Hagebölling, der vornehmlich mit monumentalen Eisenplatten arbeitet, dieses Material zu geometrischen Figuren und Räumen formt und in begehbare Skulpturen verwandelt, lässt in der Ausführung seiner dreidimensionalen Werke keinerlei Spur der Fertigung zu. Alles ist perfekt zugeschnitten, verschweißt, geschliffen, geordnet. Die Stahlskulpturen und ihre Konstruktionen sind durch einen hohen Grad an Perfektion charakterisiert, wie er jeder industriell-technischen Ausführung eigen ist. Die Dimension dieser Werke bringt deutlich zum Ausdruck, dass ohne die Hilfe von technischem Gerät gar nichts zu bewegen ist. Die Skulpturen sind Ausdruck einer Statik, die sowohl die Idee von Raum als auch die Vorstellung einer so gewollten Monumentalität zum Ausdruck bringt.

Zeichnung als Skulptur

Die Zeichnungen aber sind exakt das Gegenteil dessen. Wenn Hagebölling sie in ebenso geometrischen Formen anlegt, täuscht er den Zusammenhang zu den Skulpturen vor, weil, wie oben dargelegt, hier die Prozesse ausgelebt sind, die die Auseinandersetzung mit dem Material Stahl gar nicht zuließe. An diesem Punkt der Überlegung nun ist nicht so sehr das Verhältnis von Zeichnung zu Skulptur zu befragen, sondern vielmehr unser sprachlicher Begriff von Zeichnung. Zeichnung im herkömmlichen Sinne meint immer auch den Entwurf, die Projektion einer Idee im Hinblick auf die spätere Umsetzung in einem anderen Material. Zeichnung im herkömmlichen Sinne äußert sich immer auch in einem

Format, das dieser Funktion entspricht und dies gilt für Bildhauer im besonderen Maße. Bevor man sich der körperlich schweren Arbeit mit dem Werkstoff aussetzt, wird auf dem Reißbrett montiert, komponiert, platziert. Die Bildhauerzeichnung geht selten, so als Skizze verstanden, über das Format herkömmlicher Papierformate hinaus. Dies verleiht ihr immer auch den Charakter des Privaten und Persönlichen und lässt uns zu Beobachtern und Teilhabern schöpferischer Entstehungsmomente werden.

Diese Funktion besitzen jedoch nicht diese Zeichnungen von Wilfried Hagebölling, von denen in dieser Ausstellung die Rede ist. Diese Werke stehen für sich. Die Motive sollen nicht in eine andere Materialität übertragen werden. Diese Zeichnungen sind so in dieser Größe und Erscheinung das intendierte Werk. Die Zeichnung ist, kurz gesagt, keine Skizze. Wir nennen sie Zeichnung, weil auf Papier bzw. Leinwand gemacht, mit den Händen ausgeführt. Die Vorstellung eines unmittelbar stattfindenden Bildfindungsprozesses lebt darin fort. Und genau hier soll aber auch ein Umdenken im Verständnis dieser Zeichnungen von Hagebölling beginnen, denn auch die Papiere, die als Malgrund gewählt worden sind, die gebraucht werden, bestätigen die Materialität der Farbe, die aufgetragen wird. Es bedarf des starken Kartons, um dieser Aggression der Performance standzuhalten. Anders ausgedrückt meint dies, Farbe und Farbträger sind sich in ihrer Materialität ähnlich, Hagebölling sucht das Gemeinsame beider, um aus dieser Einheit heraus, gleichermaßen und gleichwertig, dieses Werk als Skulptur zu verstehen. Diese nun „sogenannten" Zeichnungen von Wilfried Hagebölling sind nämlich als Skulpturen mit anderen Mitteln zu begreifen. Sie geben sich vielleicht zurückhaltender als solche zu erkennen, weil sie sich zunächst nur in der Zweidimensionalität der gegebenen Fläche ausdehnen. Ist man bereit, sich auf die reliefartige Oberfläche zu konzentrieren, auf die Wahrnehmung dieser ganz auf das Material konzentrierten Ausdrucksform, auf diese Zeugenschaft der Farbe als Werkstoff, dann kann man darin die Reduktion der Dreidimensionalität auf ein ihr Minimalstes anerkennen. Die reliefartige Oberflächentextur der „Zeichnungen" rechtfertigt es, sie zugleich als Ausdrucksform von Skulptur zu begreifen. Die Zeichnungen sind Skulpturen. Die Bearbeitung ihrer Oberflächen ist das Modellieren eines anderen Moments, eben des Moments, der in dem verfestigten Material Stahl kaum zum Ausdruck gebracht werden könnte.

Standbein – Spielbein

Diese andere Definition dieser Werke Hageböllings, die in Ermangelung einer differenzierenderen Sprache immer nur als Zeichnungen bezeichnet werden, setzt diese „Skulpturen auf Papier" in ein anderes Verhältnis zu den „Skulpturen aus Stahl", für die Wilfried Hagebölling bekannt ist. Um in einer Metapher der klassischen, gar der figurativen Skulpturensprache zu bleiben, möchte ich die Skulpturen auf Papier als das „Spielbein" im Werk Hageböllings bezeichnen, die Skulpturen aus Stahl selbstverständlich, dieser Polarität entsprechend, als sein Standbein. Vielleicht ist diese Ableitung gar sinnfälliger als sie auf den ersten Moment hin erscheint. Gerhard Kolberg hat von einer „Choreographie", von einem „Tanz auf dem Papier" gesprochen, – die Skulpturen auf Papier aus der körperlichen Bewegung des Bildhauers entstanden. In der Tat sind die Skulpturen auf Papier und Leinwand mit den Händen direkt modelliert, und sie erinnern in diesem Zusammenhang entfernt an die Wandarbeiten eines Richard Long, der im Unterschied zu Hagebölling jedoch Erde und Schlamm jener spezifischen Orte verwendet, die er besuchte, und damit gänzlich andere Bedeutungsebenen der Erinnerung an Wanderungen anstrebt.

Diese Skulpturen auf Papier sind auf andere Weise das Spielbein, weil sie in dieser Dialektik die Ausdrucksmöglichkeiten des Bildhauers Wilfried Hagebölling sinnvoll wie sinnlich ergänzen. Hier eröffnen sich Ausdrucksformen, die eine Konstruktion in Stahl niemals zulassen würde: hier das gestische Modellieren, wo die Farbe wie Ton behandelt wird, dort die rationale, klar kalkulierte Stahlarbeit. Im Verbund betrachtet, sind die Skulpturen auf Papier folglich der notwendige Teil des Bildhauers Wilfried Hagebölling, der sich damit als Bildhauer auf diesen beiden Beinen stehend definiert. Man kann diese Polarität noch ausdehnen, wenn man sie auf die Unterscheidung Innen – Außen überträgt. Die Skulpturen auf Papier bedürfen des schützenden Atelier-, Galerie-, Museumsraumes. Sie dokumentieren die Szenerie des abgeschlossenen Ortes, an dem sie entstanden sind. Die Stahlskulpturen sind öffentlich, sie stehen schutzlos draußen, jedem Blick, jedem Wetter ausgesetzt. So scheint es, als habe Wilfried Hagebölling, dessen Stahlskulpturen tatsächlich in der Vergangenheit angefeindet wurden und sogar von Gerichten gerichtet werden mussten, in der Produktion der ausgelassenen Skulpturen auf Papier und Leinwand für sich eine Form gefunden, die die Privatheit seines künstlerischen Ausdrucks schützt, weil diese Arbeiten auch in ihrer Materialbedingung geschützt sein wollen.

Die Skulpturen auf Papier, die einmal als Zeichnungen betrachtet worden sind, erweisen sich als Ausdruck des Persönlichen, insbesondere auch deshalb, weil in ihnen Momente der Aktivität und Zeiten der bildnerischen Tätigkeit dargestellt sind, die der Künstler nur für sich ausgetragen hat. In diesem Verständnis erscheinen

Ohne Titel, 1998
Mischtechnik auf Bütten, 316 x 107,5 cm,
Städtische Galerie Am Abdinghof, Paderborn

mir diese Werke somit auch radikaler in der Definition von Skulptur als es die Stahlskulpturen auszudrücken vermögen, weil diese Werke auf Papier mit ihrer Bestimmung spielen. Sie bleiben offen, wie dieses Gedankenspiel über Stand- und Spielbein. Es mag dazu beitragen, diesen Aspekt, die spielerische Freiheit des Bildhauers Wilfried Hagebölling, noch zu entdecken als seine persönlichste Ausdrucksform von Figur und Raum: den eigenen Körper – als deren Ort – zu einer Formfindung zu nutzen, in der alles, Proportionen und Dimensionen, Prozess und Gestalt, ablesbar und damit nachvollziehbar zum Ausdruck kommt. (2008)

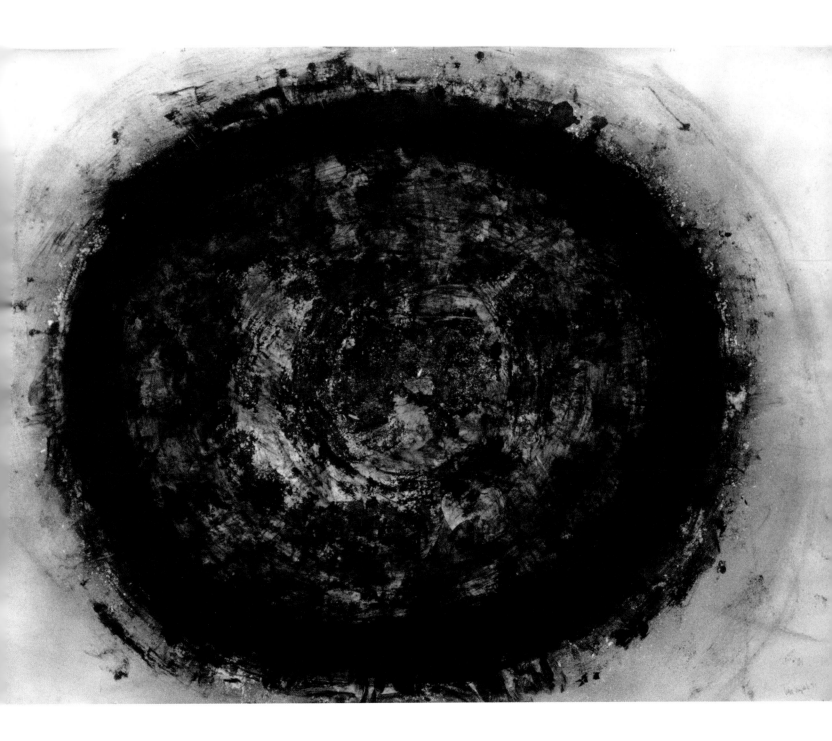

Ohne Titel, 1997, Mischtechnik auf Karton, 155 x 199 cm, Museum Folkwang, Essen

Ohne Titel, 1997, Mischtechnik auf Karton, 138 x 128 cm

Ohne Titel, 1997, Mischtechnik auf Karton, 85,5 x 126,5 cm

Ohne Titel, 1998
Mischtechnik auf Bütten, 238,5 x 215 cm

Ohne Titel, 2000/08

Mischtechnik auf Leinen, 297,5 x 199,5 cm

Ohne Titel, 2000/01

Mischtechnik auf Leinen, 238 x 92 cm

Rechts:

Ohne Titel, 2003

Mischtechnik auf Bütten, 79 x 322,5 cm

Folgende Doppelseite:

Ohne Titel, 2002

Mischtechnik auf Bütten, 107,5 x 395 cm

Ohne Titel, 2008, Mischtechnik auf Leinen, 162,5 x 187 cm

Das Atelier

Modell Atelier, 1997

1941 in Berlin geboren, war meine erste bewusste Begegnung mit Architektur die von Häusertrümmern und Ziegelschuttbergen. Hinzu kamen jene Wellblechkonstruktionen, die, im Volksmund „Nissenhütten genannt, von den Westalliierten als Behelfsheime für die „Ausgebombten" zur Verfügung gestellt wurden. Auf diese beiden Elemente aus der Kindheit greift mein Atelierentwurf zurück: den Ziegel (am Gebäude als Recycling-Ziegel) und die Tonnenkonstruktion. Der Ziegel bildet mit ca. 12 x 24 cm auch die Maßgrundlage des Baues: mit ca. 24 m Länge und 12 m Breite ist dieser einhundertmal so groß wie ein Ziegel. Damit ist der Gesamtbau beschrieben und ohne Grundriss dreidimensional modellhaft voll erfasst.

Dass die Tonnenkonstruktion die vermutlich älteste Gebäudekonstruktion überhaupt und aus Schilf schon seit Tausenden von Jahren bis heute im früheren Mesopotamien (heute Irak) in Gebrauch ist – und vermutlich die Urform aller Gewölbe darstellt – verbindet den Baugedanken mit der Frühzeit der Kultur. W. H. (2000)

Blick ins Atelier (2000)

Der Skulpturengarten

Biographische Daten / Ausstellungsverzeichnis

Wilfried Hagebölling wurde am
9. Juni 1941 in Berlin geboren.

1963 – 1967 Studium an der
Akademie der Bildenden Künste
München bei Robert Jacobsen.

1977 – 1986 Lehrauftrag an der
Universität Paderborn, Fachbereich
Architektur/Landespflege.

1985 – 2000 Erster Skulpturengarten
in Paderborn, Mährenstraße.

1997 – 2000 Bau eines Ateliers
in Paderborn.

2002 Eröffnung des Skulpturengartens in Paderborn-Sennelager
am Rande der Senne.

**Einzelausstellungen
und Projekte (Auswahl)**

1975
Skulpturen in der Stadt, Soest,
Sommer 1975.

Städtische Galerie Paderborn
(mit Fritz Winter), 5. Januar – 2. Februar.

Wilfried Hagebölling. Sauerland-Galerie,
Sundern, ab 14. November.

1980
Skulptur + Jazz + Soest. Soest,
Stadtgebiet, Skulpturenausstellung
ab 4. Juni.

1981
Hagebölling in Detmold. Lippisches
Landesmuseum und Stadtgebiet,
Detmold,19. März – 3. Mai, in der
Innenstadt bis Frühjahr 1982.

W. Hagebölling. Skulpturen.
Galerie Monika Hoffmann, Paderborn,
4. Oktober – 27. November.

1983
Hagebölling. sculptures. environments.
Palais des Congrès et de la Culture,
Le Mans (F), 2. März – 30. April.

Wilfried Hagebölling. Raum-Modul.
Galerie Monika Hoffmann, Paderborn,
ab 17. Juli.

1985
Wilfried Hagebölling. Arbeiten auf Papier.
Galerie Monika Hoffmann, Paderborn,
ab 3. März.

*Wilfried Hagebölling. Skulpturen und
Arbeiten auf Papier.* Kunstpavillon, Soest,
15. Dezember – 14. Januar 1986.

1986
Wilfried Hagebölling. Skulpturen
Kunsthalle Mannheim, 15. März – 11. Mai,
anschließend: Museum für Kunst und
Kulturgeschichte, Lübeck, 8. Juni – 17.
August.

Hagebölling. Skulpturen. Museum Bochum,
21. November – 22. Februar 1987.

1988
*Wilfried Hagebölling. Skulpturen und
Zeichnungen.* Kunstverein Minden,
10. Januar – 7. Februar.

*Wilfried Hagebölling. Skulptur-Projekt
Langenfeld.* Stadt Langenfeld,
Ausstellung im Rathaus: 8. Mai – 19. Juni,
Skulptur-Projekt: bis Sommer 1988.

Projekt Kunsthalle Bielefeld. Kunsthalle
Bielefeld, 27. August – 18. September.

*Wilfried Hagebölling. Skulpturen und
Zeichnungen.* Galerie Monika Hoffmann,
Paderborn, 12. November – 30. Dezember.

1989
*Wilfried Hagebölling. Skulptur-Projekt im
Colombipark.* Kunstverein Freiburg, Juni –
Oktober.

Wilfried Hagebölling. Museum Abtei Liesborn, Wadersloh, 20. August – 1. Oktober.

*Wilfried Hagebölling. Skulpturen und
Zeichnungen.* Städtisches Museum
Gelsenkirchen und Skulpturenwiese
Rottmannssiepe, Skulpturen: Oktober
1989 – März 1990, im Museum:
18. – 26. November.

1991
Wilfried Hagebölling. Skulpturen. Städtische
Galerie Paderborn, 9. Juni – 14. Juli.

*W. Hagebölling. Skulpturen, Modelle,
Collagen, Bilder, Zeichnungen …
1963 – 1991.* Galerie Monika
Hoffmann, Paderborn, 18. Oktober –
16. November.

1993
*Wilfried Hagebölling. Zeichnungen und
Skulpturen.* Emschertal-Museum, Herne,
22. Januar – 7. März.

Wilfried Hagebölling. Skulpturen.
Museum am Ostwall, Dortmund,
24. Januar – 7. März.

*Wilfried Hagebölling. Zeichnungen und
Skulpturen.* Stadtmuseum Beckum,
14. März – 2. Mai.

*Wilfried Hagebölling. Skulpturen –
Zeichnungen.* Daniel-Pöppelmann-Haus,
Herford, 20. März – 25. April.

*Wilfried Hagebölling. Skulpturen –
Zeichnungen.* Stadtmuseum Oldenburg,
16. Mai – 13. Juni.

1996
*Wilfried Hagebölling. Eine Skulptur und
eine Zeichnung.* Galerie Monika Hoffmann,
Paderborn, 30. Juni – 1. September.

1998
*Künstlertage 1998 – Wilfried Hagebölling.
Skulptur.* Hermannshof e. V., Springe-Völksen, Eröffnung 8. August.

1998/99
Wilfried Hagebölling. Zeichnungen.
Museum Folkwang, Essen,
15. November – 3. Januar 1999.

1999
*Wilfried Hagebölling. Skulpturen –
Zeichnungen.* Siegerlandmuseum, Siegen,
ab 28. Mai.

2001
*Wilfried Hagebölling. Zeichnungen aus der
Sammlung der Städtischen Galerie*

Am Abdinghof. Städtische Galerie
Am Abdinghof, Paderborn,
23. September – 18. November.

*Wilfried Hagebölling. Zeichnungen.
Eine Werkgruppe aus dem Jahr 2001.*
Galerie Monika Hoffmann, Paderborn,
23. September – 4. November.

2002
Wilfried Hagebölling. eins zu eins.
(Zeichnungen) Kunsthalle Mannheim,
3. März – 9. Juni.

2003
*Wilfried Hagebölling. Zeichnungen des
Bildhauers.* Städtische Kunstsammlungen
Augsburg, Neue Galerie im Höhmann-
Haus, 26. März – 25. Mai.

*Wilfried Hagebölling. Zeichnungen und
Skulpturen.* Galerie Monika Hoffmann,
Paderborn, 5. – 29. Oktober.

2006
Wilfried Hagebölling. TRANSFER.
Galerie Monika Hoffmann, Paderborn,
6. Oktober – 11. November.

2008
Hagebölling. Zeichnungen. Stadtmuseum
Oldenburg, 16. März – 13. April.

2010
*Ein neuer Ort. Stahlskulptur von Wilfried
Hagebölling.* Hermannshof e.V., Springe-
Völksen, Eröffnung 31. Juli.

2011
Wilfried Hagebölling. Hier. Städtische
Galerie am Abdinghof, Paderborn, 20.
November – 12. Februar 2012.

Ausstellungsbeteiligungen (Auswahl)

1969
*Grafik Malerei Plastik, Künstler aus Ost-
westfalen und Lippe.* Kunsthalle Bielefeld,
29. November – 28. Dezember.

1974
XXVIe Salon de la Jeune Sculpture.
Jardins des Champs-Élysées et Espace
Pierre Cardin, Paris (F), 7. Juni – 7. Juli.

1975
XXVIIe Salon de la Jeune Sculpture.
Jardins des Champs-Élysées et Espace
Pierre Cardin, Paris (F), 9. Mai – 8. Juni ;
anschließend: Marne-La-Vallée (F),
12. Juni – 9. Juli.

Salon Contra Diction. American Center,
Paris (F), 4. – 30. Juni.

Grands et Jeunes d'Aujourd'hui.
Grand Palais – Champs-Élysées, Paris (F),
16. September – 16. Oktober.

1976
XXVIIIe Salon de la Jeune Sculpture.
Jardins des Champs-Élysées, Paris (F),
21. Mai – 20. Juni.

1982
Bildhauer in Deutschland 1962/82.
Nordjyllands Kunstmuseum, Aalborg (DK),
6. Februar – 28. März, anschließend:
Bergen und Stavanger (N).

96 Künstler aus Westfalen.
Westfälisches Landesmuseum für Kunst
und Kulturgeschichte, Münster,
4. Juli – 5. September.

*Robert Jacobsen 1962 – 1981 in München
an der Akademie der Bildenden Künste.*
Alter Herkulessaal und Innenhof der Resi-
denz, München, 1. Oktober – 1. November.

1983
2. Triennale Fellbach: Kleinplastik.
Fellbach, 9. Juli – 21. August.

*dreidimensional – aktuelle Kunst aus der
Bundesrepublik Deutschland.* Kunsthalle
Mannheim, bis 22. Januar 1984,
anschliessend: Wilhelm Lehmbruck
Museum Duisburg, National Museum of
Modern Art, Tokyo (J), Corean Culture and
Arts Foundation Exhibition Hall, Seoul (ROK),
1984/85 Metropolitan Museum, Manila (RP),
1985 National Museum, Singapur (SGP).

1986
Nur Rost…? Skulpturenmuseum
Glaskasten Marl, 6. Juli – 7. September,
anschließend: Städtische Galerie,
Paderborn, 7. – 28. Dezember,
Museum Schloß Hardenberg, Velbert,
12. Februar – 29. März 1987,
Daniel-Pöppelmann-Haus, Herford,
18. April – 17. Mai.

Annäherungen. Verein für aktuelle Kunst /
Ruhrgebiet, Oberhausen, 1.– 30. November.

1987
Steel Sculpture. Park der Burg Linn, Krefeld,
28. Juni – 29. Juli, anschließend: (unter dem
Titel „Dokumente der Zeit in Stahl") Stadtpark,
Antwerpen (B), im Rahmen der 19. Biennale
für Plastik, 15. August – 31. Oktober, Wan-
tijpark, Dordrecht (NL), 28. November – 5.
März 1988, Yorkshire Sculpture Park, Wake-
field (GB), 17. April – 3. Juli 1988, Kunsthalle
Bremen, 24. Juli – 23. Oktober 1988.

1989
4. Triennale Fellbach: Kleinplastik. Fellbach,
24. Juni – 6. August.

Schwerpunkte: Skulptur und Papier.
Kunsthalle Mannheim, 16. September –
21. Januar 1990.

1990
*Bis jetzt. Von der Vergangenheit zur
Gegenwart. Skulptur im Außenraum
der Bundesrepublik Deutschland.*
Georgengarten, Hannover-Herrenhausen,
7. Juli – 20. September.

1991
Übersicht. Kunst in NRW. Städtische
Galerie Lüdenscheid, 3. Mai – 16. Juni
(und 12 weitere Stationen).

Steine und Orte. Museum Morsbroich
Leverkusen, 11. September – 24. November.

*7. Nationale der Zeichnung. Bildhauer –
Zeichnung.* Atelier-Galerie Oberländer
und Kreissparkasse Augsburg,
16. November – 10. Januar 1992.

1993
Sammlung Morsbroich. Die Skulpturen.
Museum Morsbroich, Leverkusen,
27. Februar – 23. Mai.

Stahlplastik in Deutschland 1993.
Staatliche Galerie Moritzburg Halle,
12. September – 24. Oktober.

*Die Neuerwerbungen der Kunsthalle
Bremen 1985 – 1993.* Kunsthalle Bremen,
bis 23. Januar 1994.

1994
Stahlskulptur. Stadtgebiet, Wittmund,
Oktober 1994 – Oktober 1995.

1995
Übersicht 2. Kunst in NRW.
Städtische Galerie Haus Seel, Siegen,
27. April – 28. Mai (und 8 weitere
Stationen).

Hier und Jetzt. Gustav-Lübcke-Museum,
Hamm, 24. September – 29. Oktober.

1997
STAD(t)TART. Kunst in 56 homöopathischen Dosen. Heiligenhaus,
Eröffnung 25. Mai.

*Zeichnungen von Bildhauern.
Wilfried Hagebölling, Ansgar Nierhoff,
Heinz-Günter Prager.* Galerie Monika
Hoffmann, Paderborn, 21. September –
9. November.

1999
Hier und Jetzt. Gustav-Lübcke-Museum,
Hamm, 28. März – 9. Mai,
anschließend: Stadtmuseum Beckum,
22. Mai – 27. Juni, Wilhelm-Morgner-Haus,
Soest, 11. Juli – 15. August.

2000
Plastische Graphik. Kunsthalle Mannheim,
1. Juli – 24. September.

2009
*Von Liebermann bis Immendorf.
Ausgewählte Zeichnungen und Druckgrafiken aus eigenem Bestand.*
Städtische Galerie Am Abdinghof,
Paderborn, 1. März – 31. Mai.

*From Dürer to Kiefer: Five centuries of
graphic arts.* Kunsthalle Rotterdam (NL),
13. Juni – 13. September.

*Bilderschlachten – 2000 Jahre
Nachrichten aus dem Krieg.* Kunsthalle
Dominikanerkirche u. a., Osnabrück,
22. April – 4. Oktober 2009.

COLOSSAL. Kunst Fakt Fiktion MMIX.
Osnabrücker Land, Kunstprojekt
anlässlich 2000 Jahre Varusschlacht,
25. April 2009 – 31. Dezember 2011.

Arbeiten in öffentlichen Sammlungen

Kunst aus NRW, Kornelimünster, Aachen
Stadtmuseum Beckum
Kunsthalle Bielefeld
Museum Bochum
Kunstsammlung der BRD
Kunsthalle Bremen
Kreismuseum Wewelsburg, Büren
Lippisches Landesmuseum, Detmold
Museum am Ostwall Dortmund
Wilhelm Lehmbruck Museum Duisburg
Museum Folkwang, Essen
Städtisches Museum Gelsenkirchen
Gustav-Lübcke-Museum, Hamm
Daniel-Pöppelmann-Haus, Herford
Emschertal-Museum, Herne
Museum Schloß Corvey, Höxter
Neue Galerie – Staatliche Museen Kassel
Kunstsammlung Stadt Langenfeld
Kunstsammlung Stadt Le Mans (F)
Skulpturenmuseum Remise, Lemgo
Museum Morsbroich Leverkusen
Wilhelm-Hack-Museum, Ludwigshafen
Museum für Kunst und Kulturgeschichte,
Lübeck
Landesmuseum Mainz
Kunsthalle Mannheim
Skulpturenmuseum Glaskasten Marl
Mindener Museum, Minden
Städtisches Museum Mülheim
Westfälisches Landesmuseum für Kunst
und Kulturgeschichte, Münster
Stadtmuseum Oldenburg
Erzbischöfliches Diözesanmuseum,
Paderborn
Städtische Galerie Am Abdinghof,
Paderborn
Städtisches Kunstmuseum Spendhaus,
Reutlingen
Saarlandmuseum, Saarbrücken
Siegerlandmuseum, Siegen
Kunstsammlung Stadt Soest
Institut für Auslandsbeziehungen, Stuttgart
Ulmer Museum, Ulm
Museum Abtei Liesborn, Wadersloh
Kunstsammlung Stadt Werl

Bibliographie

Kataloge und Bücher zu Einzelausstellungen und Projekten

Hagebölling in Detmold
Stadt Detmold 1981. Texte: John Anthony Thwaites, „Dokumentation Wilfried Hagebölling", und Josef Schulze-Elmenhorst.

W. Hagebölling. Skulpturen
Galerie Monika Hoffmann, Paderborn 1981. Texte: Zdenek Felix, „Im Belagerungszustand", Monika Hoffmann, „Geschlossene Form", Ursula Menzer, Siegfried Salzmann und ein Auszug aus dem Text von John Anthony Thwaites.

Hagebölling. Sculptures
Palais des Congrès et de la Culture, Le Mans 1983. Texte: Danielle Molinari, Wilfried Hagebölling und Wiederabdruck der Texte von Zdenek Felix, Monika Hoffmann, Siegfried Salzmann und John Anthony Thwaites (in Auszügen), 1981.

Wilfried Hagebölling. Skulpturen
Kunsthalle Mannheim und Museum für Kunst und Kulturgeschichte, Lübeck 1986. Texte: Ingo Bartsch, „Schöpferisch einflussnehmen auf das Geradesosein", Manfred Fath, „Zu den neuen Arbeiten Wilfried Hageböllings", und Jenns E. Howoldt, „Von der Fläche zum Raum – vom Raum zur Handlung".

Wilfried Hagebölling. Skulpturen und Zeichnungen
Kunstverein Minden 1988. Text: Manfred Schneckenburger, „Skulpturen, die nach innen gehen".

Wilfried Hagebölling. Skulptur-Projekt Langenfeld
Stadt Langenfeld 1987. Text: Helmut Schneider, „Plädoyer für eine Stadtkunst".

Wilfried Hagebölling. Projekt Kunsthalle Bielefeld. Projekt Museum Minden
Dokumentation, Galerie Monika Hoffmann, Paderborn 1988. Text: Helmut Schneider, „Tief durchatmen…!".

Wilfried Hagebölling. Skulptur im Colombipark
Kunstverein Freiburg 1989. Text: Hans-Jürgen Buderer, „Skulptur im Colombipark".

Wilfried Hagebölling
Museum Abtei Liesborn, Wadersloh 1989. Text: Bennie Priddy, „Wilfried Hagebölling".

Wilfried Hagebölling. Skulpturen und Zeichnungen
Städtisches Museum Gelsenkirchen 1989. Text: Reinhold Lange, „Hagebölling in Gelsenkirchen".

Wilfried Hagebölling. Skulpturen
Städtische Galerie Paderborn 1991. Text: Manfred Schneckenburger, „Konstruktion und Raumenergie", und Wiederabdruck des Textes von Helmut Schneider, 1988.

Hagebölling. Skulpturen – Zeichnungen
Museum am Ostwall Dortmund, Emschertal-Museum, Herne, Stadtmuseum Beckum, Daniel-Pöppelmann-Haus, Herford und Stadtmuseum Oldenburg, Herne 1993. Texte: Ingo Bartsch, „Über Raum, Konkretheit und skulpturale Form im Werk Wilfried Hageböllings", Alexander von Knorre, „Malerische Zeichen von transparenten Körpern", und Manfred Schneckenburger, „Der Streit gegen den rechten Winkel für einen spannenden Raum".

konzentriert dezentriert. Wilfried Hagebölling. Projekt Museum am Ostwall Dortmund. Projekt Kunsthalle Bielefeld
Dokumentation, Museum am Ostwall Dortmund und Galerie Monika Hoffmann, Paderborn 1995. Texte: Ingo Bartsch, „Skulptur versus Architektur – Das Dortmunder Projekt von Wilfried Hagebölling", Wilfried Hagebölling, „konzentriert dezentriert" (zuerst veröffentlicht 1993 in: „NIKE special sculpture 8", S. 24/25), Monika Hoffmann, „Doppelte Optik", Manfred Schneckenburger, „Eisbrecher im Lichthof", und Wiederabdruck des Textes von Helmut Schneider, 1988.

Wilfried Hagebölling. Zeichnungen
Museum Folkwang, Essen 1998. Texte: Hubertus Froning, „Wilfried Hagebölling, Zeichnungen", und Statement von Wilfried Hagebölling.

Wilfried Hagebölling. Zeichnungen
Städtische Galerie Am Abdinghof, Paderborn 2001. Texte: Herbert Jochmann, „Über die Linie. Bemerkungen zum zeichnerischen Werk des Bildhauers Wilfried Hagebölling", und Andrea Wandschneider, „Verwandtschaft und Differenz".

Wilfried Hagebölling. eins zu eins. Zeichnungen
Kunsthalle Mannheim 2002. Texte: Thomas Köllhofer, „Expansion und Konzentration", und Gerhard Kolberg, „eins zu eins. Zu Wilfried Hageböllings Zeichnungen".

Wilfried Hagebölling. Zeichnungen des Bildhauers
Städtische Kunstsammlungen Augsburg 2003. Text: Thomas Elsen, „Depots des Plastischen. Zu den Zeichnungen von Wilfried Hagebölling".

Wilfried Hagebölling. außen innen
Galerie Monika Hoffmann, Paderborn 2004. Text: Manfred Schneckenburger, „Durchgänge und Umrundungen".

Wilfried Hagebölling. Abu-Ghureib 2003/2004 – Friedrich von Spee 1631/1632
Dokumentation der Intervention im öffentlichen Raum, Paderborn, 30. Oktober – 29. November 2004, Galerie Monika Hoffmann, Paderborn 2005. Texte: Christoph Brockhaus, „Hageböllings Nachbau einer Isolierzelle als öffentliches Kunstwerk", Wilfried Hagebölling / Monika Hoffmann, „Ein Stück Treibgut aus der Hölle", Josef Meyer zu Schlochtern, „Die Cautio Criminalis wieder-holen", und Johannes Lothar Schröder, „Die Schaulust am Leiden anderer durchbrechen".

Wilfried Hagebölling. Zeichnungen
Stadtmuseum Oldenburg 2008. Texte: Ewald Gäßler, „Zeichnungen als Aktionsräume", Friedrich Meschede, „Standbein – Spielbein. Betrachtungen zu

Zeichnungen von Wilfried Hagebölling (die danach keine mehr sind)", und Monika Hoffmann, „Orte".

Wilfried Hagebölling
Städtische Galerie Am Abdinghof, Paderborn 2011.
Texte: Jan Hoet, „Zwischen ICH und DA", Manfred Schneckenburger, Rede zur Skulptur auf dem Hermannshof, 2010, Statements von Wilfried Hagebölling und Wiederabdruck der Texte von Ingo Bartsch, 1986 (Auszug), Friedrich Meschede, 2008, Manfred Schneckenburger, 1988 und 1993, Helmut Schneider, 1988, John Anthony Thwaites, 1981 (in Auszügen), sowie der Interviews von Monika Hoffmann, 2005 (gekürzt) und Cornelia Wieg, 1994.

Kataloge zu Gruppenausstellungen (Auswahl)

XXVI Salon de la Jeune Sculpture
Paris 1974.

XXVII Salon de la Jeune Sculpture
Paris 1975.

Contra Diction
American Center, Paris 1975.

XVIe Année Grands et Jeunes d'Aujourd'hui
Grand Palais, Paris 1975.

XXVIII Salon de la Jeune Sculpture
Paris 1976.

Robert Jacobsen 1962 – 1981 in München an der Akademie der Bildenden Künste
toc art, München 1982.

96 Künstler aus Westfalen
Westfälisches Landesmuseum für Kunst und Kulturgeschichte, Münster 1982.

2. Triennale Fellbach: Kleinplastik
Stadt Fellbach 1983.

dreidimensional. aktuelle Kunst aus der Bundesrepublik Deutschland
Institut für Auslandsbeziehungen, Stuttgart 1983. Eigene Katalog-Ausgabe für die Ausstellung im Nationalmuseum für moderne Kunst, Tokyo 1984.

Nur Rost…? Das Problem des oxydierenden Stahls in der Kunst
Westfälisches Museumsamt Münster und Skulpturenmuseum Glaskasten Marl, Münster/Marl 1986. Texte: Erich Franz, „Material und Raum. Zur Geschichte der Eisenskulptur und der künstlerischen Begründung ihrer rostigen Oberfläche", S. 22, und Statement von Wilfried Hagebölling, S. 62.

Annäherungen
Verein für aktuelle Kunst / Ruhrgebiet, Oberhausen 1986.

Steel Sculpture
Kleinewefers, Krefeld 1987.

4. Triennale Fellbach: Kleinplastik
Stadt Fellbach 1989. Text: Manfred Schneckenburger, Auszug aus dem Text von 1988, S. 236.

Schwerpunkte: Skulptur und Papier
Kunsthalle Mannheim 1989. Text: Ansgar Schmitt, „Schwerpunkt: Skulptur seit 1945", S. 15 u. 16.

Bis jetzt. Von der Vergangenheit zur Gegenwart. Plastik im Außenraum der Bundesrepublik Deutschland
Stiftung Niedersachsen und Sprengel Museum Hannover, München 1990. Text: Lothar Romain, „Betrachten – Betroffen – Aktiv", S. 31.

Übersicht. Kunst in NRW
Kultursekretariat NRW, Gütersloh 1991. Text: Burkhard Leismann, „Übersicht", S. 13.

Steine und Orte. Altmexikanische Steinskulpturen und Plastiken der Gegenwart
Museum Morsbroich Leverkusen 1991. Text: Rolf Wedewer, „Der Kubus als Ort", S. 184.

7. Nationale der Zeichnung Augsburg. Bildhauer – Zeichnung Atelier-Galerie Oberländer und Kreissparkasse Augsburg 1991.

Katalog der Neuerwerbungen und Schenkungen 1985–1993
Kunsthalle Bremen 1993.

Stahlplastik in Deutschland 1993
Staatliche Galerie Moritzburg Halle 1993. Text: Stephan Diederich, „Eisen- und Stahlplastik – Aspekte deutscher Entwicklung vor dem Hintergrund internationaler Voraussetzungen und Tendenzen", S. 25.

Stahlskulptur
Stadt Wittmund 1994. Text: Jürgen Weichardt, „Monumentale Stahlplastiken. Das 4. Ostfriesische und 2. Wittmunder Bildhauer-Symposion", S. 12 u. 22.

Hier und Jetzt
Gustav-Lübcke-Museum, Hamm 1995.

Übersicht 2. Kunst in NRW
Kultursekretariat NRW, Gütersloh 1995. Text: Manfred Strecker, „Zur Übersicht", S. 11.

STAD(t)TART. Kunst in 56 homöopathischen Dosen
Ausstellungs-Dokumentation, Bielefeld 1997. Text: Barbara Bergmann, „Heiligenhaus. Wilfried Hagebölling", S. 66.

STAD(t)TART. Kunst in 56 homöopathischen Dosen.
Band II Bielefeld 1998. Text: Reinhard Schneider, „Eine Chronik der Ereignisse in Heiligenhaus", S. 56-58.

Hier und Jetzt
Gustav-Lübcke-Museum, Hamm 1999.

Plastische Graphik
Kunsthalle Mannheim 2000. Text: Thomas Köllhofer, „Die Versuchung des Raumes", S. 8 u. 9.

Bilderschlachten – 2000 Jahre Nachrichten aus dem Krieg
Göttingen 2009. Auszug aus dem Text von Norbert Nobis (s. u.), S. 434.

COLOSSAL. Kunst Fakt Fiktion MMIX
Landschaftsverband Osnabrücker Land e. V., Bramsche 2009.
Texte: Jan Hoet, "Kunst und Varusschlacht", S. 19–20, Manfred Schneckenburger, „Bewegliche Blockade?", S. 150, Norbert Nobis, „Wilfried Hagebölling. Abu-Ghureib 2003/2004 – Friedrich von Spee 1631/1632", S. 184.

Aufsätze, Artikel, Rezensionen (Auswahl)

Ursula Wolkers, Wilfried Hagebölling. Die Reinheit der geometrischen Form soll bleiben. In: „die warte", Nr. 9, März 1976, S. 5-7.

Monika Hoffmann, Zu der Arbeit Fläche – Raum. In: „Schriftenreihe der Sparkassenstiftung", Heft 7, Werl 1986, S. 4-6.

Michael Hübl. In: „Kunstforum International", Nr. 86, 1986, S. 154.

Gerd Voswinkel, Gespräch mit Wilfried Hagebölling. In: „VHS aktuell", Nr. 3, Minden 1988, S. 9-23.

Ingo Bartsch, Wilfried Hagebölling – Skulptur-Projekt Langenfeld. In: „NIKE", Nr. 24, 1988, S. 44.

Gudrun Wessing. In: „Skulpturen in Bielefeld. Ausgewählte Werke nach 1945", Bielefeld 1990, S. 38.

Monika Hoffmann, Wilfried Hagebölling. In: „Weltkunst", Juli 1991, 61. Jg., Nr. 13, S. 1935.

Cornelia Wieg, Interview mit Wilfried Hagebölling. In: „NIKE", Nr. 51, 1994, S. 36 u. 37.

Michael Henning. In: „Zeichnungen und Arbeiten auf Papier. Das Emschertal-Museum Band 44", Herne 1995, S. 6.

Inge Habig, Wilfried Hagebölling. Skulpturen und Arbeiten auf Papier (Inge Habig im Gespräch mit dem Künstler). In: „Transzendenz im Augenschein", Paderborn 2001, S. 95-98.

Monika Hoffmann, Raum – in der Schwebe gehalten. In: „Wie im Leben, so im Dichten. Wilhelm Gössmann zum fünfundsiebzigsten Geburtstag", Düsseldorf 2001, S. 124-130.

Manfred Schneckenburger, Die Taliban von NRW. In: „die tageszeitung", Nr. 6486, 23. Jahrgang, 3.7.2001, S. 16.

Stefan Lüddemann, Kunstkommunikation als Management von Bedeutungen. In: „Kultursponsoring, Museumsmarketing, Kulturtourismus. Ein Leitfaden für Kulturmanager", Wiesbaden 2002, S. 47-51

Bernd J. Wagner, 50 Jahre BBK in Ostwestfalen-Lippe. In: „Kunst ist kein Luxus…", Bielefeld 2005, S. 27-28.

Jutta Thamer, Hagebölling, Wilfried. Gedenkstätte am ehemaligen Synagogenstandort. In: „Skulpturenführer Hamm. Skulpturen im öffentlichen Raum 1870/71-2006", Essen 2007, S. 58.

Wiltrud Thies, Das Exempel der Mindener Stahlplastik – Urheberrecht gegen Eigentumsrecht – (…) „Das Keil-Stück von Minden" von Wilfried Hagebölling. In: „Wie viel Schutz braucht die Kunst im öffentlichen Raum?", Marburg 2007, Kap. V u. VI, S. 153-198.

Monika Hoffmann, Skulptur – Architektur: Wilfried Hagebölling – Rem Koolhaas/Ole Scheeren. In: „Baumeister", Bd. 10, 2007, S. 13.

Thomas Mense, Wilfried Hagebölling. Skulpturen voller Kraft und Dynamik. In: „Westfalenspiegel", 1/2008, S. 36.

Nadine Lorenz. In: „Gleiches ungleich. Zum Thema der Formvariation und Massenäquivalenz in der Stahlplastik der 1970er/1980er Jahre in Deutschland", Berlin 2009, S. 107-108.

Allgemeine Literatur (Auswahl)

„Deutsches Festival Japan '84", Goethe-Institut Tokyo 1986.

Uwe Rüth. In: „Material und Raum. Installationen und Projekte. Kunst im öffentlichen Raum", Essen 1991, S. 65.

„Skulpturen. Wilhelm Lehmbruck Museum Duisburg", Duisburg 1991 (Bestandskatalog).

Manfred Schneckenburger. In: „Kunst des 20. Jahrhunderts. Band II", Köln 1998, S. 276.

Andrea Wandschneider. In: „Graphische Sammlungen in Nordrhein-Westfalen", Goch 2009, S. 233.

„500 x Art in Public. 500 Masterpieces from the Ancient World to the Present", Chris van Uffelen, Salenstein (CH) 2011.

Textnachweis

S. 13, 25, 28, aus: „Dokumentation Wilfried Hagebölling", Detmold 1981
S. 21, aus: Rede vom 31.7.10, s. S. 194ff.
S. 22, aus: „Positionen", Vortrag, Kunsthalle Mannheim, 10.11.1988,
S. 23, aus: „Schöpferisch einflussnehmen auf das Geradesosein", Lübeck 1986
S. 45: Erstveröffentlichung Minden 1988
S. 62, aus: „Skulpturen für Minden. Kultur NRW vor Ort", Faltblatt, Hrsg. Kulturamt der Stadt Minden 1987
S. 65-72: Der ‚Fall Keil-Stück', Dokumentation von M. Hoffmann
S. 83: Erstveröffentlichung Paderborn 1988
S. 91: Erstveröffentlichung Paderborn 1995
S. 109: Erstveröffentlichung in „NIKE", Nr. 51, 1994
S. 175, aus: „Erläuterungsbericht zum Wettbewerb ‚Gedenkstätte am ehemaligen Synagogenstandort'"
S. 179: Erstveröffentlichung Paderborn 2005 (gekürzt)
S. 183-186: Abu-Ghureib..., Dokumentation von M. Hoffmann (Anm: Die Verf. war bei dem Gespräch am 6.4.09 – OB, Jan Hoet, W. H. – anwesend.)
S.194: Rede auf dem Hermannshof, Springe-Völksen, 31.7.2010 (geringfügig gekürzt)
S. 219: Erstveröffentlichung Oldenburg 2008

Übersetzung aus dem Flämischen

(Text Jan Hoet)
Anne D'Hondt, Brüssel (B), Brigitte Kalthoff, Münster, Monika Hoffmann, Paderborn

Bildlegenden

Vorsatz: Atelier / Landschaft am Atelier
S. 4: Wilfried Hagebölling, Hermannshof, 2010
S. 10: Architektur aus Draht und Segeltuch, 1968, Höhe 1,30 m
S. 216: Ausstellung „Hagebölling. eins zu eins", Kunsthalle Mannheim, 2002
S. 244-255: Skulpturengarten W. H.
S. 256: Wilfried Hagebölling, Akademie München, 1964
Schutzumschlag: Stollen, 1985/86, Stahl, Höhe 2,10 m

Fotonachweis

Olaf Bergmann, Witten: S. 225, 226, 227
Julius Erdmann, Paderborn: S. 4
Klaus E. Göltz, Halle/S.: S. 106f.
Rudolf Görtz, Bonn: S.126f.
Christian Grovermann, Osnabrück: S. 188f.
Peter Heinemann, Detmold: S. 42
Jörg Hettmann, Düsseldorf: S. 36f., 39, 40f., 73,
Georg Kranz, Prerow: S. 50f., 53, 77, 90, 92f., 94f., 108, 113, 114f., 125,143, 144,146, 147, 152-155, 167
Detlev Kreimeier, Essen: S. 160, 163
Bruno Krupp, Freiburg: S. 99, 100
Kurt Lauer, Paderborn : S. 21, 57-59, 82, 85, 86f., 88, 103, 105, Schutzumschlag
Klaus Lipa, Diedorf: S. 231
René Marty, Paderborn: S. 33, 164,165, 175,176, 210, 213, 233, 234f.
thomasmayerarchive.de: S. 190f., 192f.
Atelier Pfleiderer, Minden: S. 62f.
Volkmar Rösler, Greifswald: S.22, 34f.
Christian Ruhlig, Paderborn: S. 61, 79, 81, 111,145, 149, 150,156, 158,159, 168f., 187, 218, 223, 229, 232, 237
Günter Schleder, Solingen: S. 74, 75
B. Schuster, Herne: S. 110
Kunsthalle Mannheim, Kathrin Schwab: S. 216
Andreas Sunder, Paderborn: S. 55, 78, 97, 117, 120, 121, 151,
Elke Teuber-Schaper, Kaufungen: S. 200f.
Alle übrigen: Archiv des Künstlers

Impressum

Diese Publikation erscheint
anlässlich der Ausstellung

**Wilfried Hagebölling. HIER.
Skulpturen und Zeichnungen**

Städtische Galerie Am Abdinghof, Paderborn,
in Zusammenarbeit mit dem Kunstverein Paderborn
20. November 2011 bis 12. Februar 2012

Herausgeber:
Stadt Paderborn/Städtische Galerie Am Abdinghof,
Paderborn 2011

Konzeption, Redaktion und Gestaltung:
Monika Hoffmann, Paderborn

Lektorat:
Monika Hoffmann, Paderborn
Andrea Wandschneider, Paderborn

Satz:
Tillmann Giese, Paderborn

Lithographie:
André Gösecke, DruckVerlag Kettler, Bönen

Gesamtherstellung:
DruckVerlag Kettler, Bönen

Copyright:
© 2011 Herausgeber und Autoren
© 2011 für die abgebildeten Werke
von Wilfried Hagebölling: der Künstler

ISBN: 978-3-86206-127-3

Dank

Stiftung der

für die Stadt Paderborn

Ausstellung

Konzeption:
Wilfried Hagebölling
Andrea Wandschneider

Technik:
Joachim Volmert, Alfons Heggen, Ulrich Ruth

Dank

Ministerium für Familie, Kinder,
Jugend, Kultur und Sport
des Landes Nordrhein-Westfalen

Kulturfonds Paderborn